FIER D'ÊTRE FRANÇAIS

La liste des ouvrages du même auteur figure en fin de volume.

Max Gallo

Fier d'être français

Fayard

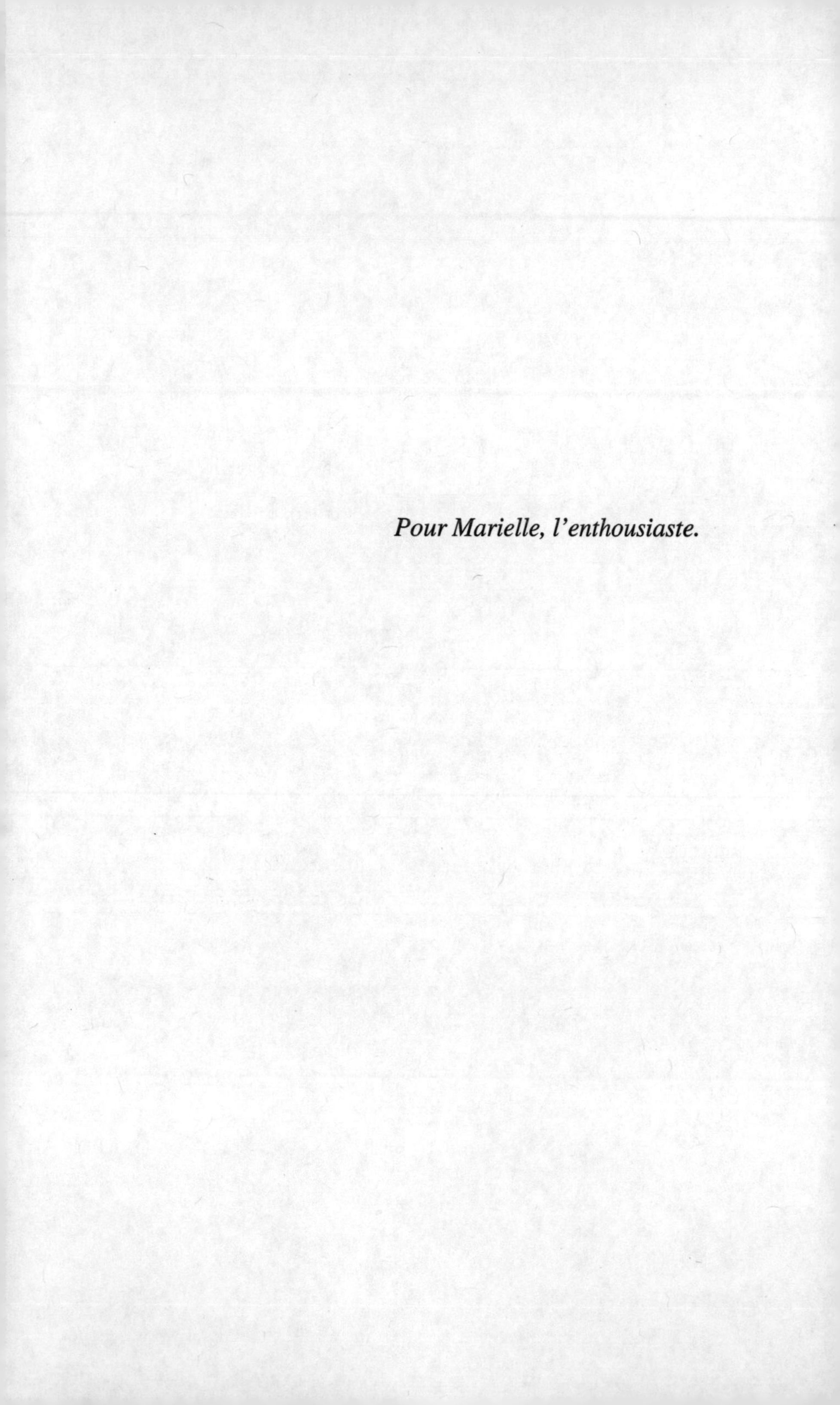

Pour Marielle, l'enthousiaste.

« Que jamais de France ne sorte
La Gloire qui s'y est arrêtée. »

Chanson de Roland (XIe siècle)

« France, mère des arts, des armes et des lois,
Tu m'as nourri longtemps du lait de ta mamelle
Ores, comme un agneau que sa nourrice appelle,
Je nourris de ton nom les antres et les bois. »

JOACHIM DU BELLAY, *Les Regrets* (XVIe siècle)

« Quoi qu'il arrive, la flamme de la résistance
française ne doit pas s'éteindre
et ne s'éteindra pas. »

CHARLES DE GAULLE, 18 juin 1940

« Notre peuple mérite qu'on se fie à lui
et qu'on le mette dans la confidence. »

MARC BLOCH, *L'Étrange Défaite*,
juillet-septembre 1940

« J'ai confectionné avec des déchets de
montagne des hommes qui embaumeront
quelque temps les glaciers. »

RENÉ CHAR, « France-des-Cavernes »,
Feuillets d'Hypnos (XXe siècle)

1

Il faut bien que quelqu'un monte sur le ring et dise :

« Je suis fier d'être français ! »

Qu'il réponde coup pour coup, du poing et du pied, à ceux qui, du haut de toutes les estrades, condamnent la France pour ce qu'elle fut, ce qu'elle est, ce qu'elle sera.

Si elle vit encore…

Car ces procureurs, avec la complicité des arbitres, frappent fort.

La France ne serait plus qu'une vieillerie décadente.

Ils remportent les rounds d'autant plus aisément que ceux qui prétendent s'opposer à eux, qui déclarent qu'il faut « croire à la France », « retrouver la force et la modernité du patriotisme », ont les mains liées par ce qu'ils n'ont pas accompli. Et qu'au lieu de pratiquer la boxe à la française, ils admirent les lutteurs de sumo !

Allez résister et vaincre dans ces conditions !

Alors les procureurs s'en donnent à cœur joie et, avec l'agilité des maîtres d'arts martiaux, ils humilient Marianne.

Ils exigent qu'elle reconnaisse qu'elle opprima, qu'elle tortura, qu'elle massacra.

Son territoire ne serait qu'un ossuaire d'Albigeois, de protestants, de Vendéens, de Juifs qu'elle tua ou qu'elle livra.

Lorsqu'elle sortit de ses frontières, ce fut pour voler et violer, commettre des génocides, du Palatinat à l'Algérie, des Antilles à Madagascar, du Congo au Mékong ! Elle fut spoliatrice et esclavagiste, et même Voltaire s'enrichit, dit-on, grâce à la traite négrière ! Et dès qu'il y a crime, massacre, génocide, elle est là, si l'on en croit ses accusateurs. Il en est même quelques-uns qui découvrent sa trace sanglante au Rwanda et qui n'hésitent pas à écrire : « La France a une responsabilité qui est semblable à celle des Allemands dans la Shoah ! » De Saint Louis à Louis XIV, du croisé au persécuteur de huguenots, de Robespierre à Napoléon, de De Gaulle à Papon, chaque procureur choisit son criminel, son inspirateur, de Staline ou de Hitler, son tueur de musulmans, de protestants, de Noirs, de Vendéens, de Juifs ou de harkis !

Pas de héros dans ce pays ! Renversons les statues, déchirons les légendes !

Et que la France s'agenouille, baisse la tête, avoue, fasse repentance, reconnaisse ses crimes, et, tondue, en robe de bure, se laisse couvrir d'insultes, de crachats, heureuse qu'on ne la viole qu'en chanson et qu'on ne la brûle que symboliquement chaque nuit.

Mais qu'elle ne tente pas de se défendre, qu'elle ne cite pas Albert Camus qui écrivait déjà, il y a près d'un demi-siècle – en 1958 –, quand une République allait mourir : « Il est bon qu'une nation soit assez forte de tradition et d'honneur pour trouver le courage de dénoncer ses propres erreurs. Mais elle ne doit pas oublier les raisons qu'elle peut avoir encore de s'estimer elle-même. Il est dangereux, en tout cas, de lui demander de s'avouer seule coupable et de la vouer à une pénitence perpétuelle. »

Les procureurs s'indignent ! La voilà bien, la criminelle, la perverse, l'hypocrite !

Oser prétendre qu'elle n'est qu'une nation parmi les nations, et qu'il n'en est pas de « saintes et pures » est une impudence ; que toutes, elles portent leur fardeau de culpabilité humaine parce qu'il n'est pas de collectivité historique qui ait échappé à cette réalité que le bien et le mal sont indissociablement mêlés, et qu'à désigner une nation « seule coupable » on ne recherche en fait qu'un bouc émissaire, façon de se décharger sur lui, qu'on va sacrifier, de ses propres fautes – oser alléguer cela est une infamie !

Et les procureurs refusent d'écouter !

Il leur faut la France seule coupable !

Elle est la nation esclavagiste – et c'est un crime contre l'humanité –, mais on ne dit rien des négriers noirs, des Arabes qui, siècle après siècle, ont vendu et utilisé par millions des esclaves – et, parmi eux, des Européens chrétiens. Et on oublie que pendant plus d'un millénaire les esclaves ne furent pas d'abord noirs mais blancs, « slaves », esclaves de Grecs et de Romains !

Doit-on demander aux Grecs et aux habitants de la Rome d'aujourd'hui de faire repentance ?

Mais non, c'est de la France qu'on l'exige, et c'est Napoléon qui inspira Hitler et inventa les chambres à gaz !

Et, avant lui, assurent d'autres procureurs, les Conventionnels les avaient déjà utilisées contre les Vendéens, ce peuple qu'il fallait exterminer !

Criminelle, la France, sous tous les régimes, et justiciables, tous ceux qui, à un moment ou à un autre de l'histoire, l'incarnèrent !

Et si elle refuse de s'avouer seule coupable, et si surtout elle clame qu'en maints moments de l'Histoire elle représenta l'espérance des hommes, qu'elle donna un coup d'épaule pour désembourber le charroi humain, alors le verdict tombe : qu'on la « nique », et pas seulement en paroles sur un air de rap ; et puisqu'elle s'est souvent présentée sous les traits d'une Marianne enseignante, qu'on menace et frappe les professeurs et brûle des écoles !

Ainsi la France, quel que soit son visage, et peu importe l'identité de ses juges et des procureurs qui la condamnent, a un destin qui ressemble encore et toujours à celui de Jeanne la Pucelle qui, bafouée, humiliée, périt sur le bûcher.

2

J'ose parler de Jeanne la Pucelle en ce pays laïque où il est de bon ton de se moquer du christianisme, de ricaner d'un pape mourant, de dénoncer son successeur qui serait quasiment nazi parce qu'il était enfant et adolescent sous le IIIe Reich !

Quelle belle et grande liberté d'esprit, et quel courage que de s'indigner aussi du traditionalisme d'une Église qui prêche l'abstinence, la fidélité conjugale, le célibat des prêtres à l'heure où chacun raconte ses frasques sur grand écran !

Contre les pisse-vinaigre, les réactionnaires, ceux qui doutent de la nécessité du mariage homosexuel et s'interrogent sur les bienfaits pour l'enfant de l'homoparentalité, on déverse quolibets et sarcasmes au nom de la liberté individuelle, de la modernité, etc.

Mais, curieusement, les mêmes gazettes considèrent comme sacrilège, scandaleux de critiquer un imam qui a conseillé de battre sa femme « avec modération », sur les jambes plutôt que sur le ventre et le visage ! On s'indigne de l'atteinte aux libertés que serait l'expulsion de cet imam. Et la justice est de cet avis !

Les « progressistes » écoutent avec indulgence et sympathie un distingué et élégant propagandiste musulman pour qui la pratique de la lapidation d'une épouse infidèle doit faire tout au plus l'objet d'un moratoire plutôt que d'une condamnation !

Et qu'un auteur ose formuler un avis critique sur une religion qui n'est pas le catholicisme – à propos de celui-ci, tout est licite ! –, et le voici traîné devant les tribunaux, accusé de racisme, de « ...phobie », cette nouvelle dénomination pour museler la pensée qui n'est pas conforme à l'orthodoxie du moment.

Étrange et préoccupant climat dans l'histoire de cette nation, comme si ces comportements si contrastés – pour les uns, l'injure et la dérision ; pour les autres, le respect et le silence –

annonçaient des changements en profondeur, une rupture avec l'esprit de ce pays.

Mais peut-être la veulerie de ses élites, la lâcheté des commentateurs s'expliquent-elles par le souci de ne pas affronter ceux dont on estime qu'ils sont prêts à user de la force.

Autrefois, avant la défaite de 1940 et la collaboration, on ne voulait pas « mourir pour Dantzig » et s'opposer à Hitler ; aujourd'hui, qui veut mourir pour dire la vérité ?

Dans cette nation où un poète avait proclamé que « la femme est l'avenir de l'homme », où l'on avait voté une loi pour la parité homme/femme et où l'on disserte sans fin de l'égalité des sexes, où l'on se bat pour la féminisation des mots, où tant d'*écrivaines* et de *professeures* défendent les droits des femmes, essayez donc de parler de la polygamie qui toucherait, en contradiction avec la loi, plusieurs dizaines de milliers de familles, l'époux à la tête de ce petit harem – trois, quatre épouses, dix, quinze enfants – collectant les allocations familiales qui lui sont dues et en usant à son gré !

Vous voici « …phobe », raciste, tentant d'imposer en colonialiste votre « modèle culturel ».

Et malheur à celui qui a osé prétendre que la polygamie faisait problème pour l'éducation des enfants, l'égalité entre les sexes !

Manipulation idéologique ! Manière de chercher de mauvaises causes ethniques à la violence des banlieues !

Même silence imposé à propos des mariages forcés dont le nombre s'accroît, et, pour une mineure qui y échappe et attire un instant l'attention, la compassion et la solidarité, combien qui subissent dans la pénombre et la douleur ?

Et l'excision, elle aussi pratiquée bien que condamnée, mais dont on ne parle pas parce qu'il est incorrect d'attirer l'attention sur des coutumes qui pourraient faire penser qu'il y a des comportements préférables à d'autres ! Or, dire cela, n'est-ce pas suggérer des hiérarchies et donc juger en raciste, en « …phobe », et manquer de respect à l'égard de citoyens susceptibles ?

Il faut faire attention à la « colère noire » et se persuader que « La République blanche, c'est fini ! », pour reprendre les titres d'un grand journal du soir du samedi 10 décembre 2005.

Mais débondons-nous en toute tranquillité, en toute bonne conscience paritaire et laïque, et stigmatisons les propos du pape, de cette rétrograde Église catholique qui a la prétention de conseiller la fidélité ou le célibat de ses prêtres, et refuse l'ordination des femmes !

Voilà un bon scandale qui ne vous traînera pas devant les tribunaux et ne provoquera pas la réprobation des associations antiracistes !

Ne nous étonnons même plus que dans le Pays de Gex où Voltaire vécut les dix-huit dernières années de sa vie, on brûle une voiture, des conteneurs, la porte d'entrée d'un collège – et que les pompiers soient accueillis avec des jets de pierres – parce que le maire d'une petite ville de l'Ain n'a pas cédé et, malgré les demandes d'interdiction, a voulu que soit représentée la pièce de Voltaire, *Le Fanatisme ou Mahomet le Prophète* ! Et les citoyens français qui protestaient contre cette représentation étaient accompagnés de délégués de la Mosquée de Genève !

Voltaire menacé de censure en décembre 2005 pour une pièce écrite en 1741 ! Et ce, au moment où l'« infâme » catholicisme est à tout instant dénoncé – curieuse époque, curieux pays !

Mais faut-il s'étonner de ces contradictions ?

Si la France est cette criminelle arrogante, pourquoi respecterait-on la religion et l'Église dont elle fut la fille aînée ?

Quel président de la République oserait dire, comme de Gaulle, se confiant en 1965 au journaliste américain David Schoenbrunn : « Pour moi, l'Histoire de France commence avec Clovis, choisi comme roi de France par la tribu des Francs qui donnèrent leur nom à la France. [...] Mon pays est un pays chrétien et je commence à compter l'Histoire de France à partir de l'accession d'un roi chrétien qui porte le nom des Francs. »

On imagine l'indignation des procureurs !

Quoi ? Oser proclamer que la France laïque est un pays chrétien, alors que la deuxième religion du pays est l'islam et qu'il y a profusion d'églises vides, alors que les rares mosquées sont si pleines que les fidèles de Mahomet sont contraints de prier sur les trottoirs, dans des caves ou des hangars ?

La France chrétienne ne serait plus qu'un souvenir qui s'efface. Que s'impose la France multiculturelle où l'État doit aider l'islam à occuper toute sa place !

On devine la gêne et la prudence des politiques quand on leur rappelle le propos de De Gaulle. L'histoire de France est une sorte de boulet qu'ils traînent. Et les historiens sont inconvenants, avec leurs propos irresponsables.

Songez qu'un Marc Bloch – mort pour la France, fusillé par les nazis le 16 juin 1944 – déclarait : « Je suis juif, sinon par la religion que je ne pratique point non plus que nulle autre, du moins par la naissance » et ajoutait dans *L'Étrange Défaite* : « Il est deux catégories de Français qui ne comprendront jamais l'Histoire de France, ceux qui refusent de vibrer au souvenir de Reims [sacre de Clovis], ceux qui lisent sans émotion le récit de la Fête de la Fédération [14 juillet 1790]. Peu importe l'orientation présente de leurs préférences. Leur imperméabilité aux plus beaux jaillissements de l'enthousiasme collectif suffit à les condamner. »

Mais Marc Bloch n'imaginait pas que pour certains Français – et les procureurs qui prétendent s'exprimer en leur nom –, l'amnésie et l'insensibilité au passé lointain de la France ne se limiteraient pas à Clovis ou à la Révolution française.

En fait, pour de nombreux habitants de ce pays, il n'y a plus d'histoire de France, c'est-à-dire de mémoire partagée, revendiquée, assumée tel un héritage, par tous ceux qui, un jour, sont devenus citoyens français.

Ce qui les concerne – et c'est cette mémoire-là qu'ils veulent imposer à tous –, ce n'est pas l'histoire de France et donc aussi, comme l'écrit Simone Weil dans *L'Enracinement*, « les injustices, les cruautés, les erreurs, les mensonges, les crimes, les hontes contenus dans le passé, le présent et les appétits du pays », mais LEUR histoire EN France.

Ils vivent ici, dans cette nation, mais, avant eux, il n'y a rien, si ce n'est les violences dont ils ont été souvent victimes.

Qu'un Fernand Braudel, quand il s'interroge sur *L'Identité de la France*, écrive : « Or c'est l'épaisseur entière du passé de la France qui est à mettre solidairement en cause, dès avant la conquête romaine de la Gaule et jusqu'à aujourd'hui » n'est pas leur affaire !

Citoyens français, ils se sentent et se veulent encore étrangers.

Ou plutôt, ils veulent bien être de ce pays à condition qu'il ne ressemble qu'à eux. Ils sont d'ici, incontestablement, mais ce n'est qu'un lieu, et leur âme est encore ailleurs, et le risque est grand qu'elle se refuse à migrer ici parce que le monde tel qu'il évolue recouvre le passé national d'un flot d'images, un tsunami de présent, et que ces Français, ignorant et refusant l'histoire de la France, s'enracinent non dans l'humus français, mais dans leur identité propre : foi, coutumes, souffrances, paysages.

Ce qui est ainsi en cause, c'est bien plus que l'« intégration ».

En rejetant l'histoire de la France, en la condamnant, ce n'est pas seulement cette intégration qu'on rend difficile, c'est la survie de la nation qui est en question.

« Qu'il soit entendu, écrivait Fernand Braudel, que pour aucune nation le dialogue obligatoire et de plus en plus pesant avec le monde n'entraîne une expropriation, un effacement de sa propre histoire. »

C'est de cela qu'il s'agit pourtant quand, un 2 décembre 2005, les gouvernants de ce pays refusent de commémorer le deux centième anniversaire de la victoire d'Austerlitz, apeurés, incapables de dire : C'est l'histoire de la France avec ses ombres – en 1802, en effet, Napoléon a rétabli l'esclavage – et sa grandeur, car les soldats de l'empereur des Français partaient à l'assaut des armées des empereurs d'Autriche et de Russie en chantant :

Au noble dans sa giberne
Présentons la Liberté
Que le bougre se prosterne
Au nom de l'Égalité !

Cette capitulation des élites – prudence, lâcheté, calcul de court terme –, ce renoncement à la complexité de l'histoire de France – comme de toutes les histoires – ne peuvent qu'en entraîner d'autres.

Pourquoi ne pas transformer le château de Versailles, pourraient demander nos procureurs, en musée rappelant non pas la gloire du monarque, mais les malheurs des paysans misérables, des habitants du Palatinat, des Noirs victimes de la traite négrière et du Code noir, et des protestants condamnés aux galères ou chassés de leur patrie par les dragonnades et la révocation de l'Édit de Nantes ?

Au bout de cette logique négatrice de l'âme d'une nation, il y a la destruction de la communauté nationale, son émiettement en communautés rivales, et, au bout, la « balkanisation » de la France.

Ne haussons pas les épaules ! Les Balkans sont à nos portes. Les Serbes y ont massacré les musulmans. Et ces derniers se sont employés à effacer l'histoire – et donc l'âme – serbe des territoires conquis. Qui a compté là-bas les monastères et les églises détruites ?

Le pire est toujours possible.

Demandez aux Cambodgiens s'ils auraient naguère imaginé la politique des Khmers rouges, leur volonté d'effacer l'histoire en exterminant les habitants pour détruire du même coup les mémoires ?

Il faut, si l'on veut éviter cela, préserver l'identité de la France, ce qui suppose qu'on soit fier de son histoire.

Non pas pour l'arrêter, mais pour en conserver « une problématique centrale », ainsi que l'écrit Braudel.

Il évoque « un résidu, un amalgame, des additions, des mélanges, un processus, un combat contre soi-même destiné à se perpétuer. S'il s'interrompait, tout s'écroulerait. Une nation ne peut être qu'au prix de se chercher elle-même sans fin, de se transformer dans le sens de son évolution logique, de s'opposer à autrui sans défaillance, de s'identifier au meilleur, à l'essentiel de soi, conséquemment de se reconnaître au vu d'images de marque, de mots de passe connus des initiés (que ceux-ci soient une élite ou la masse entière du pays, ce qui n'est pas toujours le cas). Se reconnaître à mille tests, croyances, discours, alibis, vaste inconscient sans rivages, obscures confluences, idéologie, mythes, fantasmes… En outre, toute identité nationale implique forcément une certaine unité nationale, elle en est comme le reflet, la transposition, la condition… »

Si Fernand Braudel s'interroge ainsi de manière angoissée sur *L'Identité de la France*, c'est qu'il a, comme Marc Bloch, vécu la débâcle, *L'Étrange Défaite* de 1940.

« Nous, les vaincus, sur le chemin injuste d'une captivité ouverte d'un seul coup, nous étions la France perdue, comme la poussière que le vent arrache à un tas de sable », écrit Braudel.

Lui, Marc Bloch, et des centaines de milliers d'autres, ont découvert dans leur chair, par leur souffrance, qu'un pays peut s'effondrer. Ils se sont rassurés en pensant à « la vraie France, la France en réserve, la France profonde…, comme enfouie en elle-même, qui coule selon les pentes propres de son histoire séculaire, condamnée à se continuer vaille que vaille ».

Mais si le moment que nous vivons en ce début du XXIe siècle était plus dangereux encore pour la France que les années trente et quarante ?

Si la France était au bord d'un abîme ?

3

Car qui se proclame aujourd'hui de cette « vraie France, la France en réserve, la France profonde » que Fernand Braudel et les soldats vaincus de 1940, marchant en colonnes dépenaillées sur les routes de la captivité, imaginaient derrière eux, gage de continuité, de permanence et d'espérance ?

Elle survivrait.

La France avait perdu une bataille, elle n'avait pas perdu la guerre. Et, quoi qu'il arrivât, la flamme de la Résistance française ne devait pas s'éteindre et ne s'éteindrait pas.

Ainsi parlait de Gaulle, condamné à mort par un tribunal militaire aux ordres de Pétain. Mais celui-ci, qui serrait la main de Hitler à Montoire, invoquait la terre de la patrie « qui ne ment pas », et célébrait sainte Jeanne d'Arc ! Quant aux patriotes, ils ne se nommaient pas seulement

Jean Moulin ou Philippe Leclerc de Hautecloque, mais Grzywacz, Boczov, Rayman, Manouchian, Alfonso, Fontanot.

Ceux-là, l'ennemi placardait leurs portraits « noirs de barbe et de nuit hirsutes, menaçants » sur les murs des villes françaises, en grandes affiches rouges qui dénonçaient l'« armée du crime ».

Ce n'étaient que des « Français de préférence » :

Ils étaient vingt et trois quand les fusils fleurirent
Vingt et trois qui donnaient leur cœur avant le temps
Vingt et trois étrangers et nos frères pourtant
Vingt et trois amoureux de vivre à en mourir
Vingt et trois qui criaient la France en s'abattant.

Aujourd'hui un rappeur lance : « Je suis venu niquer la France. »

Un second ajoute qu'il faut « tout niquer », « exterminer les ministres ».

Un autre appelle à « pisser sur de Gaulle et Napoléon ».

Ils sont loin, les « Français de préférence » de l'Affiche rouge !

Mais peut-être, comme l'affirment les optimistes, ne s'agit-il là que des défis provocateurs d'une jeunesse qui crie sa haine parce qu'elle veut être entendue, reconnue et qu'on l'a abandonnée, qui est violente et pleine de ressentiment parce qu'on ne lui a rien donné ?

Comme si les Grzywacz, les Boczov, les Alfonso, les Manouchian, les Rayman, les Fontanot et les centaines de milliers d'autres Polaks, Ritals ou Marocains, et tous les autres métèques venus de Russie, du Portugal et d'Espagne, de Bessarabie, d'Arménie ou de Galicie, avaient d'abord reçu autre chose que leur part de misère, de mépris, d'humiliation et parfois de coups de fusil, de coups de crosse ou de bottes pour les faire monter dans les trains qui les renvoyaient chez eux ! En Pologne, par exemple, quand la crise des années trente s'abat sur le bassin houiller.

C'est là une histoire qui date d'à peine avant-hier. Quand les Ritals vivaient dans des taudis de banlieue, entre eux.

Quand ils quémandaient du travail – à la journée, payé le soir, et demain on verra !

Quand les ouvriers « gaulois » les chassaient, les battaient, les lynchaient – ainsi dans les salines de Provence : au moins une dizaine de morts en 1893.

Quand l'on brisait les vitrines de quelques épiceries qu'ils avaient ouvertes.

Dans les écoles primaires où ils s'entassaient à soixante par classe, malheur à celui qui ne s'exprimait pas en français ! Le maître lui faisait entrer la langue nationale à coups de règle sur les doigts ou les cuisses !

C'était au début du XXe siècle, le temps de deux ou trois vies, rien. Et pourtant, c'était une autre France et d'autres citoyens qui se voulaient Français.

Ils n'imaginaient pas que l'histoire de la France eût commencé avec leur arrivée sur son sol.

Ils n'accusaient pas Napoléon de crime de guerre parce qu'il avait dans leur Piémont, en 1796, donné l'ordrc à ses soldats de brûler les villages qui résistaient à l'armée – qui n'était pas celle de l'Empire, mais de la République !

Ils savaient qu'être citoyen français supposait qu'on acceptât toute l'histoire de ce pays, et qu'on fût capable – cela se produisit en 1940 ! –

de prendre les armes pour le défendre contre les armées du pays d'où l'on venait !

Ces temps-là sont morts. On ne peut pas rembobiner le film de l'Histoire et repasser les vieilles images, ni regretter ces années du mépris, de la xénophobie, de la patience qui furent aussi les années de l'accueil.

L'instituteur ne donnait pas que des coups de règle !

Il offrait le savoir, la langue française et l'histoire de cette nation à qui voulait s'en emparer, les faire siens en n'oubliant ni ce que ses aïeux avaient vécu, ni le pays de leurs origines, mais en considérant qu'il y avait là une nation dans laquelle on voulait prendre place en respectant ce que l'histoire avait fait d'elle. On y apportait sa part, sa singularité, tout ce qui pouvait faire mortier, ciment, tout le talent dont on était capable, pour que cet édifice aux fondations millénaires soit plus beau, plus haut. Et on imaginait que si les bâtisseurs de cathédrales à Reims, à Paris ou à Chartres étaient sortis de terre, ils se seraient exclamés qu'ils étaient satisfaits du travail de ces « Français de préférence », bons ouvriers, bons maçons, bons terrassiers, bons gâcheurs de plâtre avant de devenir, s'ils en avaient le don et la volonté, faiseurs de mots à la française.

Il n'y a pas eu un seul fou, un seul ingrat pour mettre le feu, en ce temps-là, à une école, car cette école était pour tous, elle permettait de renaître en effet « Français par choix, par préférence » !

Tout a changé. Et la France est aujourd'hui en péril.

Il y a de bons médecins consciencieux qui voudraient qu'elle guérisse, mais, étrangement, le diagnostic qu'ils portent sur ce pays n'est qu'un long réquisitoire.

On se sent déchiré entre « la honte et la colère », disent-ils, tentés – et certains le font – de quitter ce pays qui serait devenu la risée de l'Europe et du monde, au mieux une sorte de « pays-musée » qu'on peut à la rigueur visiter, mais habité par un peuple vieillissant, hargneux, colérique, toujours au bord de la grève et de l'émeute, dont les élites corrompues, comme de vieux beaux ruinés, continuent de traiter leurs voisins avec arrogance, de donner des leçons à l'univers entier, alors que le fond de leurs chausses et les coudes de leur pourpoint sont troués, leur perruque jaunie, leurs dents cariées, leur haleine fétide, et qu'ils sont si endettés qu'il faudra bientôt les déclarer en faillite. Mais ils s'obstinent à parader, à emprunter pour acheter la complaisance de leur peuple qui survit à coups de pourboires, ne travaillant que du bout des doigts et préférant lancer des pierres plutôt que d'élever des murs, peuple de rentiers, de stipendiés, de gagne-petit, maudissant le monde entier et d'abord ces citoyens français de souche récente qu'il faut à la fois flatter, surveiller, cantonner, et dont on craint un jour la rébellion.

Laquelle a déjà commencé.

Évidemment, nos médecins parlent en savants.

Croissance faible, disent-ils, chômage de masse, crise de la représentation politique, modèle social vétuste, inefficace, blocage de l'intégration, crise ethnico-sociale et même religieuse dans les banlieues. Archaïsme de toutes les structures du pays, incapable de s'ouvrir à la modernité du XXIe siècle et qui n'est grand que dans la prétention, qui se divise à propos de Louis XIV, de la traite négrière, de Napoléon ou de la colonisation, « rhétorique morbide de la commémo-nation qui évince la discussion des problèmes du présent au profit de l'actualisation virtuelle du passé » (Nicolas Baverez).

Et si ces médecins qui établissent ce diagnostic – réquisitoire contre la France, « homme malade de l'Europe », infectant le continent entier des virus de la décadence –, si ces Diafoirus n'étaient capables que de constater des symptômes sans déceler la nature de la maladie, sans comprendre qu'additionner le poids de la fonction publique, la dette abyssale, les trente-cinq heures, la crise des institutions et le « non » au référendum sur la Constitution européenne ne permet nullement de résoudre l'énigme qu'est la maladie française ?

En fait, ce pays se meurt, ce pays s'enfonce depuis plusieurs décennies dans une crise nationale de longue durée commencée dès les années trente du XXe siècle.

Elle a déjà connu deux moments paroxystiques.

En 1940, quand tous les rouages de l'État se sont brisés, quand la nation a été avilie : « Le plus atroce effondrement de notre histoire » (Marc Bloch).

Mais, comme on l'a dit, couvert de cendres, son corps survivait.

Nouvelle crise : en 1950-60, quand l'Empire colonial se défait dans l'humiliation – Diên Biên Phu –, dans l'abandon des siens – les harkis, les pieds-noirs –, et qu'une République s'effondre dans une atmosphère de coup d'État larvé et de guerre civile esquissée.

Nouveau et précaire redressement gaullien, fait de volonté et d'illusions, de réussite et de faux-semblants.

Et maintenant, alors même que le peuple s'obstine à croire à l'avenir en appelant à la vie plus d'enfants qu'aucune autre nation européenne – à l'exception de l'Irlande –, nous sommes prêts à basculer dans le trou noir : non plus seulement la fin d'un système politique, mais celle de « la problématique centrale » de l'histoire nationale, quand on peut chanter en étant applaudi : « Je suis venu niquer la France. »

Et qu'on ne dise pas qu'il ne s'agit là que des paroles anodines d'une chanson !

Un poète a écrit :

Les plus simples des mots font le bruit des épées.

Ce sont bien les premiers chocs des lames dégainées que l'on a entendus, en octobre et novembre 2005, au cours de ces émeutes urbaines sur lesquelles on a bien vite jeté le manteau de l'oubli en les nommant « troubles sociaux », en niant leur dimension ethnique – et même religieuse –, en masquant le fait qu'elles annonçaient le risque de « balkanisation » de la nation.

Et l'on sait, on l'a dit, ce qu'il est advenu des Balkans.

Cela, les Diafoirus inquiets et bien intentionnés le craignent et le prévoient. Ils annoncent même que ce malade comateux qu'est la nation est entré dans une phase « pré-révolutionnaire ».

Mais ils restent aveugles sur l'origine du mal !

Ils découvrent comme une affection de plus, dans ce corps miné, les tentations de « régression vers un passé mythique », le nationalisme, etc.

Ils ne parviennent pas à comprendre que la maladie dont ils détectent les effets s'appelle crise de la nation, qu'elle ne provient pas d'un « excès de nation », mais, au contraire, de la négation de celle-ci !

Que, pour soigner les symptômes, pour éviter les dérives xénophobes, le racisme, il faut rendre à ce pays sa fierté, et non pas le détruire, et non pas nier sa singularité !

La France meurt de ne plus compter assez de patriotes, c'est-à-dire de citoyens capables de reconnaître ce qu'il y a de grand en elle, dont on doit être fier

Rétablissement de l'esclavage ? Un crime contre l'humanité ? Oui.

Austerlitz, une grande victoire française qu'il faut commémorer ? Oui.

Le remède aux maux de la nation, c'est l'amour de la nation, c'est la fierté rendue au mot France.

Simone Weil, la philosophe, écrivait en 1943, à Londres, alors que la France était occupée et que son image oscillait entre l'abjection – les lois de Vichy, la rafle du Vélodrome d'Hiver, la collaboration avilissante – et l'héroïsme – Moulin et Brossolette :

« Un amour parfaitement pur de la patrie a une affinité avec les sentiments qu'inspirent à un homme des jeunes enfants, ses vieux parents, une femme aimée… Un tel amour peut avoir les yeux ouverts sur les injustices, les cruautés, les erreurs, les mensonges, les crimes, les hontes contenus dans le passé, le présent et les appétits du pays, sans dissimulation ni réticence, et sans être diminué, il en est seulement rendu plus douloureux. »

On ne soignera pas le « mal français » en se bornant à recourir à des réformes nécessaires – temps et contrat de travail, lutte pour l'emploi, etc. –, mais en affirmant que cette nation est digne d'être aimée, qu'on doit être fier d'être français.

Comme l'écrivait Albert Camus : « Pour trouver la société humaine, il faut passer par la société nationale. Pour préserver la société nationale, il faut l'ouvrir sur une perspective universelle. »

Ce dont la France manque, contrairement à ce que pensent bon nombre de Diafoirus, ce n'est pas d'« ouverture » au monde et à la modernité : nous sommes *mcdonaldisés*, *ketchupisés, cocalisés, staracadémysés, rapisés* plus qu'aucun autre pays en Europe, sans doute même plus que la Grande-Bretagne ! Mais la France manque de patriotisme.

Camus encore, au temps de la guerre d'Algérie, écrivait :

« Le pays a souffert deux fois. Il aurait eu besoin de moralistes moins joyeusement résignés au malheur de leur patrie, et de patriotes qui consentissent moins facilement à ce que les tortionnaires prétendent agir au nom de la France. »

Il n'y a plus guère d'hommes et de femmes qui osent se dire patriotes parmi ceux qui gouvernent, dirigent, colloquent, éditorialisent, racontent, chantent !

Ils sont tous procureurs, tous Diafoirus, ou bien les craignent et donc répètent leurs réquisitoires et leurs diagnostics !

Et, parmi ceux-là, qui proclame sa fierté d'être français ?

Qui emploie le mot Nation, le mot Patrie ?

Quel analyste a raconté comment, le jour où Blair est entré pour la première fois au 10, Downing Street, la foule travailliste qui l'acclamait agitait des drapeaux britanniques ?

Blair, patriote anglais.

Schröder, patriote allemand affirmant sa fierté d'avoir rendu à l'Allemagne l'une des toutes premières places dans le concert des nations.

Et nous ? Le souffle d'un discours au Conseil de Sécurité – celui de Villepin –, au moment de l'affaire irakienne, s'est vite épuisé, salué par les représentants du monde entier, critiqué ici pour son emphase, son arrogance même, moqué par beaucoup. C'est qu'il ne fait pas bon, ici, parler haut la langue française !

Les Diafoirus veillent, et les procureurs ne sont pas loin !

Or, sans fierté nationale partagée par les citoyens, pas de guérison ! Le basculement dans le trou noir, la fin de l'Être national.

Car rien n'est plus fragile qu'une nation, et sa durée est un miracle quotidien, une volonté, une approbation, un plébiscite – au sens noble de ce mot – de chaque jour.

Sinon, l'espace géographique demeure, avec des habitants pour qui il n'est qu'un lieu plus ou moins confortable où l'on trace son périmètre, son territoire perdu pour la République et la nation, mais conquis par la communauté.

On y est entre soi, on n'y tolère pas les intrusions. On y préserve ses coutumes. Français de préférence ? Qu'est-ce que cela signifie ? On est « Indigènes de la République », on le revendique.

La France ? On veut la niquer ! Et d'autres, dans d'autres quartiers, la France, ils veulent la quitter pour Londres ou Montréal, San Francisco ou New York, voire Varsovie, Bruxelles ou Moscou, parce que l'Histoire de France ne les concerne plus, eux non plus, qui sont pourtant français de vieille souche !

Mais faut-il encore une « souche » ? Une adresse internet suffit, pour la corbeille !

Quant à ceux qui gouvernent, un jour ils parlent du « modèle allemand », le lendemain du « modèle danois » ou « suédois », le surlendemain ils se disent « Américains ».

Quand donc l'un de ces illustres personnages lancera-t-il :

« Je crois à la France, je suis fier de son histoire, je l'assume dans toutes ses facettes, c'est l'histoire de mon pays, je suis fier d'être français, et la condition première pour être de ce pays c'est de l'aimer, de se sentir prêt à dire, qui que l'on soit et d'où qu'on vienne : je fais mienne cette histoire et j'en reconnais la "problématique centrale". J'y apporte ma part pour l'enrichir de ce qui, provenant de ma culture d'origine, entre en harmonie avec l'histoire de ce qui devient mon pays. »

Voilà ce qui pourrait aider à guérir le « pays malade », à lui insuffler l'énergie pour se déployer selon les lignes de force de son être !

Sinon, c'en est fini de la France telle que l'Histoire l'a enfantée, c'en est fini d'un futur national né de l'*enracinement* dans le passé.

Car – écrit Simone Weil – « comme il y a des milieux de culture pour certains animaux microscopiques, des terrains indispensables pour certaines plantes, de même il y a une certaine partie de l'âme, en chacun, et certaines manières de penser et d'agir circulant des uns aux autres, qui ne peuvent exister que dans le milieu national et disparaissent quand le pays est détruit ».

C'est le risque aujourd'hui.

4

N'est-il pas trop tard pour réagir ?

Le pays en quelques années a changé de visage. Ce n'est pas affaire de couleur de peau, comme le prétendent ceux qui proclament que la « République blanche, c'est fini ! », qui ont engagé « le combat contre des institutions d'inspiration bonapartiste surannées qui ne conservent pas d'autre ambition que d'assurer la suprématie du communautarisme blanc, même au prix d'une répression sans limite et aveugle ».

Et pour que nous comprenions bien, ils ajoutent : « Il ne nous sera pas possible de vivre en harmonie avec dix millions de personnes sans que notre culture commune s'imprègne de la leur. Elle n'est pas de source judéo-chrétienne ? Et alors, la belle affaire, pour une République laïque ! »

Sur les mêmes tribunes, on voit monter dans les lumières des médias, et accompagnés de leurs acclamations, les « Indigènes de la République ». Ils proclament que « la loi antifoulard est une loi d'exception aux relents coloniaux ». Ils précisent : « La loi elle-même n'est pas toujours égale : ainsi l'application du statut personnel aux femmes maghrébines ou subsahariennes. » Ils ajoutent que « la gangrène coloniale s'empare des esprits [...] et désigne sous le vocable d'intégrisme les populations indigènes comme la cinquième colonne de la barbarie qui menace l'Occident ».

Et viennent prendre place aux côtés de ces « Indigènes » les tenants bien pensants de la « discrimination positive » et ceux qui se sont regroupés dans le Conseil représentatif des associations noires.

Voilà donc où l'on en est déjà parvenu !

Fini, les références à l'article premier de la Déclaration des droits de l'homme de 1789 : « Les hommes naissent libres et égaux en droits, les distinctions sociales ne peuvent être fondées que sur l'utilité commune. » Oublié, l'article 6 : « La loi doit être la même pour tous, soit qu'elle protège, soit qu'elle punisse. Tous les citoyens étant égaux à ses yeux, sont également admissibles à toutes les dignités, places et emplois publics selon leur capacité et sans autre distinction que celle de leurs vertus et de leurs talents. » Et que devient l'alinéa 1 du Préambule de la Constitution de 1946 : « Tout être humain sans distinction de race, de religion et de croyance possède des droits inaliénables et sacrés » ? Abandonné ?

Ce n'est pas la *République blanche* que veulent détruire les maîtres chanteurs quand, au lieu de faire référence à ces principes républicains, ils veulent qu'on se regroupe en fonction de la couleur de peau, de la religion, qu'on fonde les oppositions d'aujourd'hui non sur les réalités politiques et sociales qui, en effet, divisent les citoyens en fonction de leurs opinions et des solutions qu'ils choisissent d'apporter à tel ou tel problème – la ségrégation sociale, le chômage, etc. –, mais sur l'appartenance à une communauté ethnique ou religieuse, voire sexuelle !

C'est la République et sa vision universaliste que les maîtres chanteurs souhaitent remplacer, en menaçant – « dix millions de personnes, n'est-ce pas, d'une culture différente, prenez garde ! » –, en créant des « groupes de pression » – « groupes d'oppression », traduit Philippe Muray – qui, par leur composition et leur objet, remettent en cause ces « certaines manières d'agir et de penser », cette « problématique centrale » dans lesquelles Simone Weil et Fernand Braudel voyaient l'esprit de la nation.

Mais qu'ont-ils à faire avec la Liberté, l'Égalité, la Fraternité, ceux qui choisissent de se regrouper en communautés ethniques et qui prétendent – alors qu'ils sont citoyens français et disposent des moyens démocratiques électoraux de se faire entendre – se définir comme des « Noirs », des « Indigènes » opposés aux Blancs, aux descendants de colonisateurs, ou peut-être, plus grave encore, comme appartenant à une autre religion dont on doit respecter les coutumes et les diktats, même s'ils oppriment ou aveuglent ? Et ce sont ces régressions-là qu'on nous présente comme des

« avancées », qu'applaudissent à droite et à gauche ceux qui se disent modernes ou même progressistes !

Alors, au nom de la défense des droits des « Indigènes de la République », voilons les femmes et ne leur appliquons pas le « statut personnel », puisqu'elles sont vouées, si l'homme veut d'elles, à la polygamie !

On devrait rire de ces argumentations grotesques si on ne constatait combient elles sont accueillies avec complaisance. A-t-on effectivement peur de ces « dix millions de personnes » d'une culture différente ? Ou bien pense-t-on réellement qu'on puisse par exemple aborder la question – légitime – de la réforme des institutions sous l'angle du combat contre le « communautarisme blanc » dont notre système bonapartiste aurait pour ambition d'assurer la suprématie ?

Faudrait-il, sur le même ton, répondre que ce « communautarisme blanc » représente l'écrasante majorité de la nation, et qu'après tout, puisque ces partisans-là du communautarisme veulent jouer ainsi la partie, ils n'auront droit qu'à ce qu'ils représentent eux-mêmes, c'est-à-dire moins d'un Français sur cinq ?

Ils ont des groupes de pression bruyants, mais ils ne sont que cela. Et un jeune citoyen français natif de Rodez ou de Liévin, sorti de l'école sans diplôme, aura beau être dans ses gènes – puisque c'est ainsi que les tenants du communautarisme le jugent – un descendant de colons. il est surtout chômeur en puissance, et serait après tout en droit d'adhérer lui aussi à un mouvement de défense des Blancs !

Est-ce cela que l'on veut ? Et qui ne voit que ces poisons de la communautarisation des Noirs, des descendants de colonisés, etc., conduisent à l'affrontement et à la balkanisation ?

Certes, la répétition emphatique des grands principes républicains ne signifie pas qu'ils aient réussi à instaurer en France le règne de la Liberté, de l'Égalité et de la Fraternité.

Rejetons l'hypocrisie et le mensonge. Les inégalités persistent et même s'aggravent. Les libertés ne sont souvent que des apparences. Et même celles-ci se craquellent quand des lois établissent des vérités officielles qui empêchent les débats au nom d'une morale trop souvent communautarisée !

Quant à la fraternité, elle ne se commande pas dans une société émiettée, même si les associations se multiplient, si des liens nouveaux se créent grâce aux nouvelles technologies de l'information, si l'on ne peut plus ignorer que le malheur et la misère existent, et qu'on donne souvent son obole à ceux qui tendent la main.

Soit.

Mais rejetons la logique folle – aux origines de toutes les entreprises totalitaires – qui consiste, à partir du constat d'impuissance de l'invocation des Grands Principes, à vouloir les abolir parce qu'ils seraient seulement « formels », et à les remplacer par la dictature de minorités qui veulent imposer leurs choix.

Les maîtres chanteurs menacent : dix millions de personnes ! et que notre culture commune s'imprègne de la leur, vite, sinon le feu !

Mais s'imprégner comment ? Par la loi ? au forceps ? à coups d'émeutes ? Et la belle affaire, n'est-ce pas, s'il faut violer la source « judéo-chrétienne » ! Au profit de quoi ? de l'islam, du voile pour les femmes ? de l'excision ? de la polygamie ?

Finissons-en avec l'hypocrisie !

C'est bien de cela qu'il s'agit quand on récuse la loi sur le voile, le statut personnel des femmes maghrébines et subsahariennes ? Or, nous sommes quelques millions de citoyens à ne pas vouloir que notre culture s'imprègne de cette culture-là ! Et je crois aux grands principes républicains universalistes !

Ils ne sont appliqués qu'imparfaitement ? À l'évidence ! Engageons, nous, citoyens français, sans distinction de races, d'origines, de religions, un combat politique pour qu'ils soient mis en œuvre !

Mais refus déterminé de la régression ! Refus de la négation des réalités de notre histoire !

Ces principes républicains universalistes représentent un considérable saut libérateur.

Ils ont surgi non pas seulement du siècle des Lumières, mais de cette civilisation judéo-chrétienne qui forme, en effet, le socle de notre histoire culturelle et de notre histoire nationale.

C'est dans ce terroir-là que nous avons labouré, ensemencé, construit. Notre Panthéon était d'abord une église – Sainte-Geneviève – avant de devenir un temple républicain – « Aux grands hommes, la Patrie reconnaissante ». Au fil des décennies et des régimes politiques, il a été rendu à la religion, puis, en 1885, à la mort de Victor Hugo, définitivement voué à sa symbolique laïque et patriotique.

C'est cela, l'histoire nationale.

Elle n'est pas un patchwork de cultures qui s'ajoutent et se juxtaposent et où l'une s'impose bientôt aux autres.

Elle est la trame dans laquelle vient s'insérer un fil nouveau qui va enrichir la beauté de l'étoffe.

Mais on ne change pas la trame. Il a fallu deux millénaires pour la constituer.

Et s'il faut dénombrer les hommes, eh bien, que les comptables communautaristes prennent donc la mesure de l'importance des uns et des autres. La démocratie, c'est aussi savoir dresser le compte des uns et des autres.

La paix civile ne peut régner que si on préserve cette trame – cette histoire – nationale qui est, depuis les origines, universaliste. Pour qui un homme vaut un homme parce qu'il est homme.

Cela n'a pas toujours été appliqué ; cela ne l'est pas encore partout.

Soit.

Mais qui revient sur ce principe, qui brise la trame par désir d'imposer la sienne, ou de tisser sur le métier français sa propre et singulière étoffe, qui déchire le tissu et rend difficile la cohésion nationale ?

Ceux qui constituent leurs conseils représentatifs, qui lèvent les drapeaux de leurs communautés, qui défilent au nom de leur *Pride*, prennent cette immense responsabilité : ils lacèrent ce que vingt siècles ont, dans le sang et les régressions, réussi à tisser.

Or cette toile est fragile.

Qu'ils prennent garde : le triomphe de leur vision communautariste, ce peut être – ce sera – le pays détruit dans son âme.

On peut être de Pologne ou d'Algérie, d'Italie ou du Mali, d'Espagne ou du Sénégal, du Portugal ou d'Arménie, du Maroc ou de Chine, on peut être noir, blanc ou jaune, chrétien, musulman ou juif, cela ne regarde que soi si l'on est citoyen français, et cela ne doit regarder que soi !

Que la loi s'abatte sur ceux qui distinguent entre les citoyens français en fonction de ces catégories-là qui appartiennent à la vie privée et à la mémoire intime de chacun !

L'apport de celui-ci ou de celui-là sera d'autant plus grand, son fil d'autant plus chatoyant dans la trame qu'il aura gardé vivante la part universelle de sa culture.

Ce citoyen-là, « Français de préférence », doit écouter Malraux quand, le 19 décembre 1964, il accueille au Panthéon les cendres de Jean Moulin.

Héros français ? Oui.

Héros républicain ? Oui.

« Écoute aujourd'hui, jeunesse de France, ce qui fut pour nous le chant du malheur ! scande

Malraux. C'est la marche funèbre des cendres que voici. À côté de celles de Carnot avec les soldats de l'An II, de celles de Victor Hugo avec *Les Misérables*, de celles de Jaurès veillées par la Justice, qu'elles reposent avec leur long cortège d'ombres défigurées. Aujourd'hui, jeunesse, puisses-tu penser à cet homme comme tu aurais approché tes mains de sa pauvre face informe du dernier jour, de ses lèvres qui n'avaient pas parlé : ce jour-là, elle était le visage de la France ! »

J'entends ceux qui, écoutant Malraux, protestent et souffrent. Ceux qui évoquent les « faces » de leurs ascendants meurtries, défigurées dans tel ou tel territoire de ce qui fut l'Empire français.

J'entends ceux dont les ancêtres ont été guillotinés par les bourreaux de la Convention, et qui maudissent Carnot et les soldats de l'An II.

J'entends même ceux – quelques-uns à peine – pour qui Jaurès aurait mérité son sort.

C'est en effet cette longue suite d'affrontements que l'histoire de France ! Mais, à la fin, il reste « ces certaines manières d'agir et de penser » qu'incarne Jean Moulin !

« La France, c'est tout cela à la fois, disait de Gaulle en 1965, c'est tous les Français. Ce n'est pas la gauche, la France ! Ce n'est pas la droite, la France ! Naturellement, les Français comme de tout temps ressentent en eux des courants. Il y a l'éternel courant du mouvement qui va aux réformes, qui va aux changements, qui est naturellement nécessaire, et puis il y a aussi un courant de l'ordre, de la règle, de la tradition, qui lui est aussi nécessaire. C'est avec tout cela qu'on fait la France. Prétendre faire la France avec une fraction, c'est une erreur grave, et prétendre représenter la France au nom d'une fraction, cela, c'est une erreur nationale impardonnable [...] Je ne suis pas d'un côté, je ne suis pas de l'autre, je suis pour la France. »

Qui ose aujourd'hui proclamer en ces termes son patriotisme ?

On parle « société ». On n'ose même pas dire le mot Patrie, le mot France. On dit « pays », c'est plus neutre.

Ou bien l'on emploie jusqu'à la nausée les mots *citoyens* et *République*, parce qu'ils sont abstraits, qu'ils n'évoquent pas l'enracinement, la trame nationale, la patrie ; c'est-à-dire non seulement les principes, mais le sol, l'histoire et les paysages.

On est mondialisé, n'est-ce pas ?

On est de sa couleur, de son ethnie, de sa religion, de son penchant sexuel, de son quartier même.

Mais est-on de la France ? C'est-à-dire *enraciné* dans son histoire ?

Fini, le temps – il y a seulement un quart de siècle, mais un saut immense – où un candidat à la présidence de la République représentait sur ses affiches un village et son clocher ! Cette France-là existe toujours, mais comme honteuse ; on ne parle pas d'elle. Question de nombre d'habitants ? Plus nombreux ceux des banlieues que ceux d'Espalion, de Séguret ou de Sablet ? Clichy-sous-Bois, plus « médiatique » que Cabris ? Plus violents, ceux de certains quartiers ? On brûle plus de voitures dans la banlieue de Strasbourg qu'à Vaison-la-Romaine ?

Et celui qui, aujourd'hui, incendie des voitures sur grand écran pèse plus lourd que le silencieux habitant d'un village oublié de la « France profonde ».

Eh bien soit, abandonnons le mot patrie, accrochons-nous à notre fil identitaire, rejetons ce qui a uni la France à l'universel ! Soyons blacks ou blancs, gays ou hétéros, juifs ou musulmans, catholiques ou protestants, et plaçons notre carte d'identité française loin derrière nos cartes de crédit, nos photos de famille, notre bulletin d'adhésion à l'un des quelconques Conseils représentatifs !... Et déchirons ces pages dans lesquelles Marc Bloch tramait ensemble la France et le monde :

« Je n'ai jamais cru, écrivait-il, qu'aimer sa patrie empêchât d'aimer ses enfants. Je n'aperçois point davantage que l'internationalisme de l'esprit ou de la classe soit irréconciliable avec le culte de la patrie. Ou plutôt, je sens bien, en interrogeant ma propre conscience, que cette antinomie n'existe pas. C'est un pauvre cœur que celui auquel il est interdit de renfermer plus d'une tendresse. »

Et pourtant cela est advenu. Pourquoi ?

5

Quand, dans un pays comme le nôtre, il est devenu malséant de parler de patrie ; quand se proclamer patriote, c'est risquer le ridicule ou bien l'accusation d'être extrémiste, raciste, xénophobe ; quand il est inconvenant de se dire fier de notre histoire sans en cacher aucune des ombres, et qu'on peut être pour cela poursuivi devant les tribunaux ; quand le gouvernement juge impossible de commémorer le deux centième anniversaire d'Austerlitz, mais naturel et élégant de participer aux fêtes célébrant la victoire anglaise de Trafalgar ; quand, à raison, on veut réintégrer les mutins dans l'histoire nationale, mais qu'on ne dit mot de ceux qui ont été fidèles et se sont battus pour défendre le sol et la patrie ; quand on oublie ceux qui, au risque de leur vie et de celle des leurs, se sont engagés dans des guerres peut-être injustes, mais qui étaient « nos » guerres – cela signifie que les élites de ce pays, celles qui le dirigent et celles qui font l'opinion, ont choisi de ne plus être les continuateurs de notre passé. De cette histoire nationale qui, dans les tourments, les crimes, les déchirures, les nécessaires combats de l'héroïsme, a été, est la matrice de la nation, notre patrie.

Cela révèle – et, depuis deux décennies, en pleine lumière – que les élites de ce pays sont convaincues que la France doit se repentir d'avoir été ce qu'elle a été ; qu'il faut la déraciner de son passé ; qu'il faut s'agenouiller et demander pardon, et, s'il le faut, lever son verre à la gloire de la Flotte de Sa Majesté et oublier les fantassins de la Grande Armée.

La France, pour nos élites, c'était bien naguère notre patrie ; mais l'Europe est notre avenir. Alors, jetons par-dessus l'épaule ce qui nous alourdit, ainsi nous nous éléverons, légers, dans le grand ciel de la mondialisation heureuse dont l'Europe n'est qu'un sas de passage.

Mais il faut convaincre le peuple.

Et c'est pourquoi, depuis des décennies, nos élites sont devenues les pédagogues du renoncement national.

Tâche difficile car, depuis plus d'un millénaire, l'amour et la fierté de la patrie étaient le trésor commun des gouvernants, des poètes, des manants et même, au grand dam des « internationalistes », des ouvriers !

La *patrie* c'était le *patrimoine* commun auquel on ne renonçait pas, à la grande surprise de ceux qui, à un moment donné, avaient rejoint le « parti de l'étranger » – une tradition nationale, aussi, qui fait choisir la trahison au nom d'idées supérieures à l'attachement à la nation. La France n'est plus alors qu'un enjeu, et non le Bien commun qu'on n'abandonne pas.

Mais on est le parti des catholiques, et donc on accepte une garnison espagnole à Paris.

Mais on est le parti huguenot, et donc on livre le port du Havre aux Hollandais !

Mais on est hostile au communisme, au socialisme, au Front populaire, et donc on collabore avec l'Allemand.

Mais on est pour le communisme et donc on obéit à Staline, on dit « Jamais le peuple de France ne fera la guerre à l'Union soviétique », et on demande aux nazis d'autoriser la reparution de *l'Humanité* en 1940.

Pourtant, à la fin, l'unité se reforme parce que le peuple se dresse contre l'évêque Cauchon, serviteur des Anglais, et choisit Jeanne d'Arc !

Il ne collabore pas. Il résiste.

La tâche des pédagogues du renoncement est rendue ainsi difficile !

Il leur faut faire oublier que ce peuple a chanté :

Mourir pour la Patrie
Est le sort le plus beau
Le plus digne d'envie.

Que l'hymne national est un appel au combat pour la défense du sol envahi et pour la liberté :

Allons, enfants de la Patrie
Le jour de gloire est arrivé
Contre nous de la tyrannie
L'étendard sanglant est levé..

Et quand de jeunes Français couvrent cet hymne de leurs insultes et choisissent de se ranger derrière une équipe étrangère – fût-ce celle de la patrie de leurs parents –, au lieu de s'indigner et de sanctionner, le Premier ministre de la France et ses ministres baissent la tête.

L'heure est aux capitulations, aux repentances. Et ainsi à la négation de ce qui fut le chœur français depuis plus de dix siècles, quand, en 1080, un clerc d'Avranches – Théroulde ou Thurold – composa la première chanson de geste. Elle raconte l'histoire de Roland qui, à Roncevaux, en 778, ne veut pas abandonner son arme entre les mains de ses ennemis :

Puisse jamais ne t'avoir un homme capable de couardise
Dieu ne permettez pas que la France ait cette honte !

Alors que la mort le gagne, Roland se met à se « resouvenir de bien des choses, de toutes les terres qu'il a conquises, de la *Douce France* ».

Ces mots sont du clerc d'Avranches, en 1080. Le fil de la broderie est engagé. L'amour de la France – de la douce France – en sera la trame.

Charles Trenet reprendra le thème *« Douce France, cher pays de mon enfance »*, et dans les années quatre-vingts, Rachid Taha et son groupe *Carte de Séjour* l'interpréteront.

Et cependant, deux décennies plus tard, on sifflera *la Marseillaise* au Stade de France.

Et en novembre et décembre 2005, dans 274 communes, 233 bâtiments publics et 74 bâtiments privés ont été endommagés ou incendiés, et dix mille véhicules ont été brûlés (45 000 pour toute l'année 2005). Des engins incendiaires ont été lancés sur trois mosquées, deux synagogues ont été endommagées et une église a été partiellement incendiée. Quatre personnes ont trouvé la mort.

Fruit de la pédagogie du renoncement ?

Déroute des élites qui l'ont conduite et qui ont oublié qu'on ne peut se délester de l'histoire d'une nation sans la voir éclater, se déchirer et peut-être succomber ?

6

Ces temps-ci, les pédagogues du renoncement s'affolent.

Voilà des décennies qu'ils prêchaient du haut de toutes les présidences et de toutes les chaires, « excités et applaudis par un ramas de folliculaires », que c'en était fini des États-Nations. Que les temps étaient venus des grands ensembles : l'Europe, bien sûr, dont ils arboraient partout le drapeau d'un bleu marial, étoilé, sanctifié, et non plus rouge du sang des guerres et des révoltes passées ; le monde enfin réuni dans une Terre-Patrie rassemblant tous les hommes.

Et d'anciens prédicateurs « *Cattivi Maestri* » (mauvais maîtres) qui avaient incité au crime leurs « brigadistes » rouges, vantaient les beautés de l'*Empire* et exaltaient la créativité révolutionnaire des *Multitudes* enfin débarrassées de leurs rêves nationaux, enfin arrachées à leur patrie, à leur terroir.

Et ainsi, d'un bout à l'autre de l'arc politique, ce n'étaient que discours annonçant la mort des nations.

Que de ricanements apitoyés et d'injures méprisantes à l'adresse de ceux qui, voyant ce qui survenait de par le monde, pronostiquaient non pas la fin des nations, mais, sur les décombres de l'Empire soviétique, le regain des nationalités, de la polonaise à l'ukrainienne, de la croate à la lettone, et le changement de toutes les donnes, la Grande Allemagne annonçait depuis Berlin qu'elle cherchait son *Deutschweg* et voulait être à nouveau la première en Europe.

Mais ici les pédagogues continuaient d'affirmer que c'en était fini de l'exception française au moment même où, de Londres à Riga, de La Haye à Kiev, de Moscou à Berlin, de Zagreb à Pristina, d'un bout à l'autre de l'Europe et sur tous les continents, de Brasilia à Caracas, et naturellement aux États-Unis où chaque citoyen accroche à sa boutonnière ou hisse dans son jardin la bannière étoilée, chaque nation revendiquait sa personnalité, se définissait comme une « exception ».

Une fois de plus nos élites, comme en 1940, étaient prises à contre-pied.

Et d'autant plus qu'elles découvraient que le peuple avait déserté la salle où elles répétaient leurs leçons de renoncement et lançaient leurs anathèmes contre les archaïques, les xénophobes, les nationalistes, les souverainistes, les chauvins, les hors-jeu de la modernité, qualifiant ainsi tous ceux qui ne pensaient pas comme eux !

Où était-il donc passé, ce peuple insupportable ?

Il s'accrochait à la vie. Il enfantait, mais il ne votait plus. Ou bien il votait mal. Préférant même une caricature grimaçante et xénophobe du patriotisme à un austère pédagogue qui n'avait pas réussi à incarner le patriotisme républicain qui aurait pu rassembler la nation.

Mais, naturellement, ce vote du 21 avril 2002 n'était, pour le peuple, qu'une manière généreuse de lancer aux pédagogues un avertissement :

« Nous sommes là ! Au fond de notre mémoire, dans notre cœur, nous avons gardé le souvenir de la chanson nationale.

» Ouvrir la France à l'Europe, au monde, la réformer, l'adapter, oui, mais selon ses lignes de pente !

» Nous voulons rester enracinés dans notre histoire. Aussi sommes-nous prêts à donner une carte maîtresse à celui qui œuvrera pour une nation ouverte mais française dans sa “problématique centrale”, comme aurait dit Fernand Braudel ! »

Et 82 % des Français de choisir celui qui recevait ainsi mission d'incarner cette politique-là.

Qu'a-t-il fait ?

Rien, ou bien peu, ou trop tard !

Une flamboyante esquisse en politique extérieure – l'Irak –, comme le lointain écho d'une posture gaullienne, mais vite, devant la collusion de tous les pédagogues du renoncement, l'oubli des mots prononcés.

Et le retour du prêchi-prêcha des leçons convenues : Constitution européenne et tout ce qui va autour, et tout ce que cela cache.

Et, dans la classe morte d'ennui, le peuple s'ébroue.

On veut qu'il parle ? Il va parler. Et claquer la porte au nez des pédagogues du renoncement, tous rassemblés pourtant pour l'endoctriner.

Et le sol tremble sous les pieds des pédagogues.

Et ils s'emportent !

Ils éructent. Ils injurient. Ils ne peuvent pas même concevoir que ce peuple a voté pour affirmer son attachement à la France, laisser à la nation quelques moyens pour que, fidèle à ses gènes, c'est-à-dire à son histoire, elle invente son modèle d'adaptation au monde bouleversé dans lequel elle doit rester – et rester grande.

Parce que la grandeur d'une nation ne se mesure pas en milliers de kilomètres carrés ni même en millions d'habitants quand on dispose, comme un don des dieux, de la situation géopolitique de la France, sans laquelle rien ne peut être fait en Europe – et il en va de même pour l'Allemagne.

Quand on est à la jonction des courants atlantiques et de la grande plaine européenne, et, sur l'autre versant, quand on est ouvert sur la mer antique, la Méditerranée et les peuples féconds qui la bordent, on ne peut qu'être grand dès lors qu'on ne s'est pas brisé et qu'on n'a pas renoncé à être une nation.

Quand on hérite de l'histoire d'un peuple comme le nôtre, fait de cent peuples divers, bâtisseur de cathédrales et de centrales nucléaires, on possède un trésor de traditions, de savoir-faire, de créativité qui, dès lors que se taisent les pédagogues du renoncement, nous permettrait, là où nous sommes, de devenir un pôle, la proue de tout un continent. Un pays-musée, soit, car notre histoire est notre force, mais aussi, dans la même veine, un pays laboratoire.

Mais que nos pédagogues du renoncement cessent d'insulter un peuple parce qu'il n'a pas écouté leurs leçons d'abandon.

Au lendemain du vote « non » au référendum sur le Traité constitutionnel, les pédagogues ont dit que les électeurs avaient exprimé leur désarroi et leur hargne. Ce serait la peur, l'angoisse, la colère, la rage protestataire, le masochisme, tout cela relevant du psychique plus que de la politique, bref, le populisme, une jacquerie électorale témoignant d'une ignorance crasse et d'une paranoïa aiguë, qui expliqueraient le vote négatif majoritaire des Français.

Ils se seraient trompés de vote, affirment les politologues pédagogues. Aveuglés par leurs craintes, leur ressentiment, ils auraient fermé la seule ouverture tangible qui, par l'approbation du Traité constitutionnel, se fût offerte à la France.

Ces Français qui refusent de s'adapter au monde, qui rejettent toute réforme, seraient en fait ensevelis dans leur histoire, et non pas enracinés ! Écrasés par leur mémoire et leur prétention.

Ainsi les pédagogues du renoncement ont-ils commenté le vote de rejet !

Certes, quelques-uns d'entre eux, sans doute alertés par leurs « sondeurs » à l'écoute de l'opinion, ont, avec des accents qui se voulaient mâles et sincères, déclaré tout à coup qu'il fallait « croire en la France », et ajouté qu'il fallait même « retrouver la force mobilisatrice et moderne du patriotisme ».

Ces prestidigitateurs, ces jongleurs de mots, ces illusionnistes, que ne se sont-ils souvenus de cela non pas dans une pirouette, le 31 décembre 2005, mais le 2 décembre, quand ils ont renoncé à célébrer la victoire de la nation française à Austerlitz !

Et puisqu'ils parlent sans cesse d'adaptation au monde moderne, eux qui effacent l'histoire nationale ou se repentent de ce qu'elle a été, qu'ils méditent donc cette réflexion de Bergson :

« Plus grande est la portion du passé qui tient dans le présent, plus lourde est la masse qu'il pousse dans l'avenir pour presser contre les événements qui se préparent : son action, semblable à une flèche, se décoche avec d'autant plus de force en avant que sa représentation était plus tenduc vers l'arrière. »

7

J'entends déjà ceux qui vont dire qu'il y a un populisme abject à accabler ainsi les élites et leurs folliculaires, à en faire des pédagogues du renoncement.

Ceux qui dirigent, va-t-on prétendre, et ceux qui tiennent tribune dans les médias ne font après tout – nous sommes en démocratie représentative, n'est-ce pas ? – que suivre le peuple qui les élit et qui les lit ou les regarde se pavaner sur les écrans devenus plats.

Ce serait donc la France entière – et naturellement, le peuple inculte au premier chef – qui serait coupable d'avachissement – les Français ne sont-ils pas « des veaux » ? –, et non ceux qui la gouvernent.

Quittons donc cette France lasse et rabougrie, revendicative, épuisée, et qui n'aspire, en attendant sa mise à la retraite, qu'à être assise comme un gardien somnolent dans une salle de musée.

Trop facile.

Les élites dans une nation jouent un rôle majeur. En veut-on la preuve ?

Qu'on pense à 1914 et à 1940.

Lors de la Première Guerre mondiale – à tort ou à raison, mais c'est un autre débat – les élites se sont toutes rassemblées dans l'Union sacrée. Les révolutionnaires, les pacifistes, les antimilitaristes se rallient et crient : « Tout pour la défense nationale ! Ils ont assassiné Jaurès, nous n'assassinerons pas la France ! » Les curés mettent le sac au dos, les aristocrates s'enrôlent et meurent en première ligne. Eux qui haïssent ou contestent la République, sont au coude à coude avec les instituteurs laïcards. On meurt pour la patrie parce que la France doit rassembler toutes les « fractions ». Quand le front est percé par les Allemands qui parviennent à moins de cinquante kilomètres de Paris, les élites tiennent sans états d'âme. On regroupe les soldats qui, en pantalons rouges, ont fui les horreurs des premiers combats. On exécute sans jugement ceux – le plus souvent innocents – qu'on considère comme des déserteurs. On contre-attaque, et c'est la Marne. Le pays tient parce que toutes les élites ont tenu.

En 1940, les voici divisées, recroquevillées sur leurs idéologies – fascisme, communisme, conservatisme, pacifisme. Drôle de guerre. Pas d'union sacrée, mais, au contraire, la haine de l'une envers l'autre et vice versa. Chacun son morceau de France, rouge ou blanche. Le front est percé, comme en août 1914, mais personne ne rameute les soldats désemparés. Les élites – ministres, officiers, généraux, toute la chaîne de ceux qui commandent – fuient les premières. Les maires déclarent leurs cités villes ouvertes, chassent les officiers qui veulent faire sauter un pont, monter une embuscade. Là où quelques chefs décident de se battre, ils entraînent leurs hommes au combat. Et en quelques semaines plus de cent mille meurent – plus que dans le même temps en 1914. Mais, dans l'ensemble, les élites se couchent.

Quatre-vingts députés seulement refusent les pleins pouvoirs à Pétain qui a demandé de

« cesser le combat » avant même que ne soient négociées les conditions de l'armistice. Les soldats désemparés sont pris au piège. Il y a 1 500 000 prisonniers.

C'est que, depuis les années trente, les élites – de tous les corps sociaux, des dirigeants politiques aux syndicalistes, de ceux de droite à ceux de gauche – s'étaient convaincues que la France ne pouvait trouver en elle-même la force d'inventer et de résister.

Le renoncement, on le voit, vient de loin.

Les meilleurs étaient-ils morts entre 1914 et 1918 ? Et la Révolution russe – sa force d'attraction et sa menace – faisait-elle espérer ou effrayait-elle les élites de ce pays aux traditions révolutionnaires ? Un pays dont on craignait ou dont on souhaitait qu'il imitât les bolcheviks qui s'en allaient clamant qu'ils étaient les héritiers des Jacobins et des Communards, et dont l'hymne était *L'Internationale*, cette chanson française ?

Quoi qu'il en soit, les élites renoncent. Le leader communiste Thorez déserte et gagne Moscou. Déjà, au moment de Munich, le socialiste Blum avait parlé de « lâche soulagement ». Laval pense dès 1938 à pousser Pétain au gouvernement. Marcel Déat, le héros de la Première Guerre mondiale, le socialiste, dira qu'il ne veut pas mourir pour Dantzig ou les Poldèves.

Que fait le peuple ? Il se tasse. Il baisse la tête. Il laisse Maurras voir dans la défaite de 1940 une divine surprise, et Laval souhaiter la victoire de l'Allemagne.

On commence à réécrire l'histoire nationale. La République et ses grands principes sont effacés. État français. Travail, Famille… et encore Patrie.

Mais pour combien de temps ? L'Allemand occupe, dépèce le Nord, l'Alsace et la Lorraine.

On agit, on pense comme si la France, ce n'était pas aussi la Révolution française et la République. On déchoit de la nationalité française ces « Français de préférence », livrés ainsi aux nazis. Et au bout de l'ignominie, il y a ces lois antijuives qui rempliront les wagons pour Auschwitz. Et n'oublions pas d'y enfourner les enfants !

Cependant, il y a aussi, dans les chambres des hôtels de Vichy, devenus les ministères d'un gouvernement vil et dérisoire, des hommes qui pensent à la France.

Il faudra de Gaulle pour recréer, avec le Conseil national de la Résistance, une union sacrée où se retrouvent, pour le temps du combat, le monarchiste Bénouville et le communiste Charles Tillon.

Et dans les bureaux de Vichy, des décorés de la francisque par Pétain deviennent, à temps, résistants.

Mais on ne sort pas de l'abîme des années quarante sans blessures profondes. Dans l'air vicié de la guerre froide, elles gangrènent le pays. De Gaulle forge le mythe de la Résistance soulevant tout le pays pour les masquer. Héroïsation nécessaire pour tenter de les guérir, afin que la « problématique centrale » de l'histoire nationale ne soit pas rompue.

Il faut que la chanson de geste écrite en 1080 soit continuée. Et c'est de Gaulle qui trouve les mots :

« Paris ! Paris outragé ! Paris brisé ! Paris martyrisé ! Mais Paris libéré, libéré par lui-même, libéré par son peuple avec le concours des armées de la France, avec l'appui et le concours de la France tout entière, de la France qui se bat, de la seule France, de la vraie Francc, dc la France éternelle ! »

Il faut effacer l'humiliation, le traumatisme et la honte, et ce sont les combats qui, par le sang versé, rendent à la France sa dignité, son unité.

Sait-on aujourd'hui que 600 soldats, 28 officiers, 2 500 membres des Forces françaises de l'intérieur et plus de mille civils moururent pour la libération de Paris ?

De Gaulle n'ignorc pourtant pas que c'est « facile, l'apparence de la grandeur, dans l'euphorie de la libération ». Mais que, comme il le confie à Claude Mauriac : « La France est malade. Il faut que la guérison soit son œuvre… Si la France ne peut pas accomplir cet acte d'énergie, si elle ne peut faire cet acte de foi qui conditionne sa résurrection, alors tant pis pour elle. C'est qu'elle ne sera plus digne de subsister ! »

8

Ils n'ont pas écouté de Gaulle, ceux qui lui ont succédé.

À leurs yeux, il n'était qu'un incorrigible Don Quichotte dont les rêves, un temps, avaient amusé le pays.

« Oui, mais… dix ans ça suffit ! »

Ce vieux radoteur obstiné, né dans un autre siècle, continuait à prétendre que cette France efflanquée qu'il chevauchait pouvait être un coursier menant le train !

Allons donc ! Il fallait descendre de cheval, faire de la bicyclette, comme les Hollandais, les Suédois, les Danois, les Belges, les Allemands, bref, les Européens qui vivent entre eux en bon voisinage, taillent leurs haies, tondent leurs pelouses, ne se chamaillent pas comme ces Français, ces Gaulois querelleurs, toujours en guerre civile pour une branche qui porte ombrage à leur jardin.

Devenons, avec nos voisins, de paisibles petits propriétaires, faisons l'Europe, quoi ! Jouons au tennis ensemble et retrouvons-nous ainsi, parmi les grands, dans ce Club de vacances ensoleillées que peut et doit devenir le monde ; nous barboterons dans la même piscine que monsieur le Président des États-Unis – le châtelain – et il nous invitera à sa table pour siroter un scotch ou prendre le café.

C'était un avenir.

Mais les Gaulois rétifs, après avoir dansé sept ans sur un air d'accordéon – seule concession à l'histoire nationale –, n'apprécièrent pas que l'on changeât le rythme de *la Marseillaise* en faisant de ce chant de guerre une berceuse destinée à adoucir les mœurs.

Ils renvoyèrent ce président-là à ses nobles ambitions.

Il avait commencé avec talent – et sincérité – ses leçons de renoncement.

Nous étions une moyenne, voire une petite nation, avait-il doctement démontré. Il avait contesté avec élégance que la « guérison de cette France malade » pût être accomplie par la France elle-même. Acte d'énergie, acte de foi, résurrection ? Ce n'était plus là le langage de notre temps.

Laissons là les moulins à vent ! Ce style héroïque n'était plus à l'échelle du monde. C'est à l'Europe qu'il fallait un grand président, en elle que l'on devait avoir foi. Et grâce à cette construction européenne, la France deviendrait l'une des provinces apaisées du Vieux Continent.

Pourquoi pas ?

Après tout, cette ambition-là, dans sa modestie, avait encore de la grandeur. Et au moins le mérite de s'avouer pour ce qu'elle était. « Nous sommes devenus légers dans la balance de la puissance. À plusieurs nous pèserons davantage. Et chacun de nous guérira de ses maladies. »

Si l'histoire des hommes était un problème d'arithmétique, si une nation se résumait à une suite de nombres – population, croissance, déficit, etc. –, ce successeur de De Gaulle aurait eu raison !

Mais il pensait comme Staline qui s'interrogeait avec ironie : « Le Vatican, combien de divisions ? » C'est Jean-Paul II qui, sans doute, depuis l'Au-delà, se penchant sur les gouffres infernaux, a donné la réponse à Staline.

La puissance, la vitalité, l'influence, la grandeur et même le bonheur d'une nation ne se mesurent pas seulement ni d'abord avec une calculette.

L'homme, n'en déplaise à ceux qui s'imaginent réalistes, a besoin de foi autant que de pain.

L'Église est là. L'URSS n'est plus.

L'autre successeur de De Gaulle fut plus habile, et donc meilleur pédagogue du renoncement.

Le premier – Giscard, puisqu'il faut enfin le nommer – avait eu une jeunesse victorieuse et combattante, entrant en Allemagne, son grand corps surgissant de la tourelle d'un blindé français.

Le second avait connu la débâcle, la captivité, les évasions, l'humiliation et la tentation de Vichy.

Il avait joué au bridge avec ces étranges curistes qui se prétendaient ministres d'un gouvernement français qui nommait un ambassadeur de France… à Paris !

Mitterrand, puisque c'est de lui qu'il s'agit, jeune et beau, avait fait bonne figure dans ce milieu de cacochymes et d'ambitieux. Il avait serré la main du vieux maréchal qui l'avait décoré, et de Bousquet qui s'occupait de nettoyer la France de ses Juifs.

Puis il s'était engagé dans la Résistance. Il était passé du bridge au poker – voilà qui donne la mesure des choses. Il avait découvert, en pratiquant ces jeux, qu'à tricher on peut gagner, et aussi que la belote restait, en ces années-là, le plus répandu des divertissements français.

Qu'à cela ne tienne, on allait leur en donner !

Il joua son roi, c'était la République. Et de Gaulle devint l'homme du coup d'État permanent. Il abattit son atout maître, et c'était le socialisme, la rupture avec le capitalisme, *la Marseillaise* mariée avec *l'Internationale* – et il rafla la mise en disant que tout cela se ferait sans douleur, révolution sans la révolution, la force tranquille sur fond de clocher villageois. L'ivresse révolutionnaire en buvant de l'eau de Vichy, en somme !

Il fallut à Mitterrand deux ans pour ramasser toutes les cartes et faire une nouvelle donne. Ce n'était plus la belote, mais le poker menteur.

Il avait la démarche compassée d'un monarque. On traitait à Versailles les grands de ce monde comme s'ils faisaient partie de sa cour, comme si la France était plus que gaullienne, et le président non pas Don Quichotte, mais le Roi-Soleil.

On traversait la rue et l'on avait troqué sa perruque contre le feutre à larges bords de Léon Blum, et on s'essayait à imiter Jaurès. Et pendant ce temps-là, derrière ces jeux de rôle, on continuait – mais sans invention autre que de mise en scène – la pédagogie du renoncement.

« On a tout essayé », expliquait-on devant la montée du chômage. En somme, la France ne pouvait plus rien, si ce n'est prendre la main du chancelier allemand devant un immense champ planté de tombes. Et c'était bien, et ça donnait l'apparence qu'on faisait une politique. En fait, on avait conclu, comme son prédécesseur, qu'il n'y avait plus d'énergie dans ce pays, que les actes de foi, on les prononçait dans les messes européennes.

Pour le reste, eh bien, on suivait – après un pas de deux pour donner le change et satisfaire les joueurs de belote – le châtelain lorsqu'il décidait de s'en aller en croisade.

Peut-être le destin français s'est-il joué sous le long règne de ce joueur aux cartes biseautées.

Non seulement il poursuivit la pédagogie du renoncement, mais il fit du double jeu et du double langage la règle du jeu.

Il disait la vertu démocratique et plaçait sur écoutes des centaines de citoyens. Il condamnait l'argent et était entouré d'aigrefins. Il disait la Résistance et dînait avec Bousquet, et l'on découvrait à sa boutonnière la trace de la francisque qu'il avait portée.

Il était la France duplice. Et il s'en faisait une gloire. Il affichait sa bonne santé alors que le cancer le rongeait. On connaissait ses fils et il cachait sa fille, son enfant clandestin et préféré.

Mais pourquoi s'indigner ?

Les hommes, les politiques ne sont-ils pas tous ainsi à double ou triple fond ?

Celui-là, cependant, avait le devoir d'incarner les valeurs françaises.

Et là où ses prédécesseurs avaient veillé, chacun à sa manière, à donner pour socle à la mémoire nationale l'héroïsme, la grandeur, la fidélité – même s'ils étaient eux aussi plus troubles qu'ils ne prétendaient l'être –, lui faisait de l'Arrangement, de la Duplicité, de l'Amour de Soi les principes d'une nation dont, dans un soupir mélancolique, il disait : « La France est notre patrie, l'Europe notre avenir » – autrement dit qu'elle était un passé, une nostalgie, le beau souvenir d'un amour défunt.

Et les folliculaires d'approuver ce qui était le faire-part de deuil de la nation française.

Son cadavre allait enrichir la terre européenne comme un organisme qui, enfoui, se désagrège et ne continue à vivre que par ces parties qui ne sont plus rien, puisqu'elles ne sont plus rassemblées, reliées, organisées.

La terre d'un ossuaire est vivante, mais ce sont des morts qui y pourrissent et s'y décomposent.

Et c'est bien ce que souhaitait le directeur d'un grand journal du soir lorsqu'il écrivait, interprète et inspirateur des pédagogues du renoncement : il faut « déverrouiller l'organisation du territoire français pour faire de chaque région, de chaque métropole un atome français d'Europe ».

Défaire la France : c'est la leçon unique, le catéchisme correct enseigné depuis la fin de la brève séquence gaullienne au peuple français.

9

Ils s'y sont tous mis, gauche et droite.

On a vu sur les mêmes tribunes la belle ministresse socialiste et le vieux beau libéral.

Ils avaient délaissé pour un instant les petits feux sur lesquels ils faisaient réchauffer dans leur coin leurs petites soupes partisanes.

Il leur fallait persuader le peuple ignare que la France ne pouvait rien, sinon se défaire, se dissoudre pour son plus grand bien et la prospérité de ses habitants.

Plus de France malade, puisque plus de France du tout !

Ce furent de beaux discours, de belles promesses. Et parce que les maux tardaient à disparaître – croissance en baisse ; déficit, chômage, délocalisations, insécurité, etc. en hausse –, il fallait accuser cette nation d'archaïsme, de persistance dans l'erreur, d'arrogant attachement à un pays qui n'en valait pas la peine.

Il devait être honteux de ce qu'il avait été.

La Résistance n'était qu'une légende.

Les cheminots collés aux murs et fusillés par l'occupant pour avoir fait dérailler les convois nazis, ce n'était qu'un sujet de film, *la Bataille du rail*, une fiction.

La vérité de la France, c'était les trains de déportés, les cheminots conduisant les locomotives qui tiraient vers l'enfer les Juifs livrés par Vichy.

Tous collabos, donc, de Pétain au mécanicien. Et l'on intentait un procès à la SNCF pour ne pas avoir empêché ces convois-là. Oubliée, ridiculisée, *la Bataille du rail* !

Et il ne fallait pas s'étonner de ce comportement des Français – même si on discernait parmi eux quclques Justes – puisque, dans les flancs de son histoire, ce pays portait la « bête immonde », toujours féconde en lui.

On décrivait ainsi une *Idéologie française* qui alimentait d'un siècle à l'autre la source du mal européen, les Français inspirant leurs disciples allemands.

Et pour illustrer ce fait on tissa durant des mois – avec rediffusion des audiences par les grands médias – l'histoire de la culpabilité française incarnée par un Papon, fonctionnaire, préfet de police à Paris, livrant les Juifs et massacrant les Algériens, puis ministre.

Ça, c'était la France, celle qu'on avait cachée sous les oripeaux de la Résistance, cette illusion, ce mythe, ce mensonge !

La France, c'était Drumond et Papon bien plus que Jaurès et Moulin ! Et il fallait stigmatiser, combattre cette idéologie française toujours renaissante, contagieuse. Car de Louis XIV à Napoléon cette peste française avait souvent saccagé et corrompu l'Europe tranquille.

La France était un antimodèle avec ses Jacobins terroristes, ses antisémites, ses communistes, son goût de l'Homme providentiel, ses intellectuels opiomanes et erratiques, ces antilibéraux qui préféraient Sartre à Aron, la déraison à la lucidité !

Il fallait donc rejeter la France, porteuse de ces virus.

Pas un « révolutionnaire » de 68 qui n'ait tenu ce discours-là au nom de l'antitotalitarisme, de l'antiétatisme, de l'internationalisme.

Tous libéro-libertaires, ces fondateurs de journaux, ces insurgés d'un mois de Mai devenus les coqueluches des dîners en ville, maîtres penseurs, hérétiques conformistes, donnant le « la » à plusieurs générations de folliculaires, leurs employés.

À ceux-là, grandis à Sciences Po alors que régnait le président de l'Arrangement et du Double Jeu, les pédagogues du renoncement avaient enseigné par l'exemple que le modèle national était la veulerie, l'accommodement, les vestes retournées, que le résistant-type ce n'était pas Jean Moulin, mais celui qui avait d'abord porté la francisque à sa boutonnière.

Cette génération, dont une bonne part compose aujourd'hui l'armée des communicants, avait appris que la politique ça n'était plus l'engagement au service d'une idée de la France, mais un choix de carrière.

On optait pour tel ou tel petit feu, telle ou telle petite soupe et tels ou tels petits coins, si possible dans un « grand parti de gouvernement », en fonction de ses intérêts.

On avait compris qu'il y avait toute une panoplie de discours : l'un pour conquérir le pouvoir – rupture avec le capitalisme, socialisme, fracture sociale, etc. –, d'autres pour le conserver.

Ce n'était pas le reniement, mais réalisme, nécessité d'abord de rassembler son camp comme on disait – puis de tenir compte de l'environnement mondial.

Et c'était bien commode d'avoir l'Europe comme paravent de sa lâcheté, de son impuissance et de son cynisme.

On prenait ses aises à l'Élysée. On plastronnait. On menait ses doubles vies, on jouait au président branché avec les jeunes gens, les actrices, les philosophes, les écrivains et même les bénédictins.

D'un vol d'hélicoptère on se rendait dans une auberge au pied d'une colline sacrée. On la gravissait dans l'intimité de vingt caméras et cent courtisans.

C'était bon, la France. On l'aimait à la manière d'un rentier retiré des affaires qui jouit de son bien.

Quant à l'avenir, n'en demandons pas trop, n'est-ce pas ? L'Europe y pourvoirait.

Ces leçons-là plaisaient aux folliculaires. Elles leur donnaient bonne conscience. Ils étaient cyniques, mais c'était la seule loi du moment.

Ils ne se souciaient pas de la France. Mais quoi, voulait-on qu'ils soient patriotes quand la France c'était Papon ?

Et puis, pour achever de les convaincre, de leur donner le beau rôle et de leur permettre à la fois de dîner en ville et d'être des héros, il y avait la « bête immonde » qui rôdait.

Ce fut le Grand Subterfuge, l'habile machinerie qui permit d'offrir aux folliculaires, et, par leur intermédiaire, au peuple, la pantomime des Grands Combats pour le Bien et le Mal.

On aida le monstre à grossir. On lui tendit la main pour qu'il montât sur les podiums, qu'il se drapât de tricolore et parlât de la France en exaltant le patriotisme et en fêtant Jeanne d'Arc.

Ah le beau, le grand, le talentueux repoussoir !

C'était donc bien cela, la France et le patriotisme ! De quoi faire vomir l'histoire nationale à des promos entières de Sciences Po !

Le Bleu-Blanc-Rouge, ce n'était plus le drapeau de la Révolution et des droits de l'homme, de la République, mais l'appellation d'une fête extrémiste. Se proclamer patriote, affirmer que la France était malade et qu'elle ne pouvait se guérir que par un acte de foi en elle-même, qui était un acte d'énergie, ce n'était pas parler comme de Gaulle, mais comme Le Pen !

Et il ne restait donc plus qu'à s'en remettre aux pédagogues du renoncement. La France ne serait sauvée qu'en renonçant à être !

Si ce Grand Subterfuge eut tant d'échos, c'est qu'il permettait de rejouer sans danger, comme une comédie, les tragédies du passé.

Et ceux qui montaient ce spectacle et en contrôlaient la machinerie n'étaient sans doute pas conscients – voire ? – de l'engrenage destructeur de la communauté nationale qu'ils mettaient en branle.

Il y avait eu le gouvernement de Vichy, les lois antisémites, l'étoile jaune, la rafle du Vel'd'Hiv', la police française mise au service des nazis par Bousquet – l'ami de qui vous savez – et, au bout de la route, Auschwitz. Cela accompli par un État qui avait rejeté la République et qui œuvrait dans le cadre d'une occupation militaire nazie.

Et puis il y eut, quatre décennies plus tard, des difficultés sociales pour des Français d'origine récente, qui, souvent, parce que le chômage de masse sévissait, étaient l'objet de discriminations négatives et de racisme. Et un débat « malodorant » s'était engagé sur la place de l'immigration en France.

Tout cela était préoccupant.

On était en droit d'attendre d'un président de la République, conscient des problèmes ainsi posés, qu'il prononçât une grande allocution disant :

« Vous avez les droits et les devoirs de chaque citoyen français. Hier, Italiens et Polonais, Portugais et Espagnols, et tant d'autres sont arrivés ici, et plus rien, sinon leur nom, voire peut-être leurs goûts culinaires, ne distingue ces "Français de préférence" des autres citoyens. Vous êtes les nouveaux Français de préférence.

» La nation a besoin de vous. Elle est fière de vous accueillir. Elle vous demande de respecter ses lois, ses mœurs. Ici un homme vaut un homme. Et une femme vaut un homme. Ici la laïcité règne. Le pouvoir politique est séparé du religieux. Ce pays est de culture judéo-chrétienne. Sachez-le. Mais votre religion sera respectée comme toutes les religions, car la France ne reconnaît que des individus, et non des communautés. »

Un républicain patriote aurait pu tenir ce discours et aurait pu prendre des initiatives législatives pour accélérer les procédures de naturalisation et donner à cet acte valeur symbolique d'adhésion à une histoire nationale. Une nation est en droit d'attendre de ceux qui aspirent à la rejoindre un serment de fidélité.

Mais rien de cela ne fut fait.

Il eût fallu croire en la France et en son avenir de nation, et non penser qu'elle était au mieux une nostalgie.

Alors on débattit – et ce fut un moyen de renforcer la « bête immonde », de jouer une carte biseautée pour rafler la mise politique – du droit de vote des étrangers. On en fit la promesse, puis on l'oublia. On la répéta. On créa ainsi des tensions, ce qui permit de regrouper autour de soi des électeurs qu'effrayait le discours caricatural et extrême de celui qui jouait avec talent et complaisance, sur la scène nationale, l'odieux Français, le monstre tricolore, le dernier avatar de l'Idéologie française.

On fit mieux encore.

Il y avait eu Vichy et l'*étoile jaune* ? On créa de toutes pièces, d'en haut, parmi les idéologues qui savaient donc ce qu'ils faisaient, la *petite main jaune* de SOS Racisme, pour faire comprendre que les citoyens français de souche récente étaient en somme les Juifs d'aujourd'hui.

Mais alors, la République, c'était Vichy ?

Mais alors, la France, c'était bien cette criminelle, cette récidiviste, cette raciste qui persécutait, comme elle avait livré les Juifs aux nazis ?

Et la situation était même pire, puisque les nazis du moment étaient des Français et leur Führer un Le Pen de Bretagne qui se prêtait avec jubilation au jeu en suscitant l'indignation par ses propos sur la Seconde Guerre mondiale.

Autour du cou de la France on nouait ainsi Vichy avec la République, on étranglait l'histoire nationale et le patriotisme.

De l'*étoile jaune* à la *petite main jaune* de SOS Racisme, on créait la première de ces confusions historiques qui allaient empoisonner les débats français.

De manière subliminale, on accréditait l'idée que la même persécution qui avait frappé les Français juifs sous l'occupation, frappait aujourd'hui ces Français de préférence.

Et les folliculaires, débordant de bonne conscience, d'applaudir à ce qui donna naissance aux comportements communautaires d'aujourd'hui, à la concurrence des mémoires, à la mise en accusation permanente de la France et à sa négation.

La France n'est plus qu'un lieu où l'on opprime, « hier les Juifs », aujourd'hui les « Indigènes de la République ». Son histoire est celle de la traite négrière et des génocides.

Ses rois et ses empereurs sont des esclavagistes.

Et ses cheminots ont conduit les trains de déportés qui roulaient vers Auschwitz.

Comment aimer la France ? Comment vouloir être français de cœur, au-delà de la détention d'une carte d'identité ?

Il faut au contraire rester entre soi, en communauté. Et accrocher à sa boutonnière le signe de son appartenance. Avoir la fierté de sa race, de son origine, de ses mœurs, de sa religion, de son quartier.

La fierté d'être français ?

Vous voulez rire !

10

Le peuple ne rit pas.

Durant la nuit de la Saint-Sylvestre, dans les heures qui ont suivi l'allocution du président de la République lue avec conviction – « Meilleurs vœux etc., etc., etc. Demain etc., etc., etc. Croire en la France etc., etc., etc. Vive la République et Vive la France… » –, on a brûlé quatre cent vingt-cinq voitures ; ces brasiers ont été allumés dans près de soixante départements et dans le triangle d'or de Paris, sur le Champ-de-Mars, au pied de la tour Eiffel, treize gendarmes mobiles ont été blessés.

Comment ? Par qui ?

Les folliculaires se tairont.

Tout va très bien, Madame la Marquise.

Mais le peuple, lui, sait.

Cent voitures au moins brûlent chaque nuit en France.

Le peuple surveille de sa fenêtre le parking où il a garé la sienne.

Dans la pénombre, on ne distingue pas s'il est blanc ou noir de peau. On ne sait pas non plus s'il s'appelle François, Samuel ou Mohammed. On ne connaît pas sa date ni son lieu de naissance.

Mais il est citoyen français, et la France est sa demeure.

Il ne la quittera pas. Même s'il le désirait, il ne le pourrait pas. Ce sont les très pauvres et les plus riches qui peuvent abandonner leur pays. Ils ne laissent rien, soit qu'ils ne possèdent rien, soit que le tout dont ils disposent est déjà ailleurs, ou nulle part, circulant d'un compte à l'autre là où sont les profits juteux.

Mais lui, le peuple, la France est sa demeure et sa seule richesse.

Et il guette ces ombres qui courent sur le parking, qui rôdent autour des voitures – et la sienne, son outil de travail, est là parmi les autres, vulnérable.

Il a honte parce que la peur le tenaille au point qu'il n'ose pas descendre, parce qu'on peut le battre à mort, et ce serait idiot de mourir pour quatre roues et quelques morceaux de tôle. Et pourtant il faudrait défendre son bien, donner une leçon à ces « racailles ».

Il dit ce mot-là.

Et il sait que les folliculaires vont écrire qu'il est xénophobe, raciste, séduit par la « bête immonde », et l'accuser peut-être d'avoir la tête gangrenée par les idées de ce fasciste, et même d'avoir voté pour lui.

Et, doctement, les folliculaires savants ont analysé des sondages et conclu que la France se « lepénisait » – c'est ainsi qu'ils disent

Il hésite entre la lassitude et le désespoir. Il sent monter en lui des bouffées de rage et de révolte.

Hé quoi ? Ce serait donc ça, être fasciste, lepéniste ? Vouloir que sa voiture ne brûle pas ? Pouvoir sans crainte traverser la nuit son parking et s'engager dans l'escalier, rester devant la porte de son immeuble, ou prendre le dernier train ?

Ce serait être extrémiste ou vendu aux « colons » que de ne pas avoir honte d'aimer ce pays, même si on n'en est citoyen que depuis quelques années ? Mais c'est ici qu'on a pris racine. Et d'autres ont dans leur demeure, la France, une photo d'un arrière-grand-père mort à Verdun en 1916, et un voisin, celle d'un cousin mort sur les pentes du Monte Cassino en 1944. Et il était né au Maroc ou en Algérie.

Il y a aussi, entassés dans ces greniers de la mémoire française, de vieux cahiers d'école où l'on écrivait les dates des grands événements qu'il fallait apprendre par cœur, et l'on collait sur les pages de droite des figurines représentant Vercingétorix, Clovis, Jeanne d'Arc, Danton, Napoléon, Jules Ferry, Clemenceau, et même la photo d'une école dans la brousse et des enfants noirs assis sagement à leur pupitre.

La France, c'est la demeure du peuple, sa mémoire plus ou moins longue, et chacun sait qu'il faut, pas à pas, en combler les lacunes.

Le grand-père a commencé à dire : « En Algérie, c'était pas beau tous les jours… » Et un vieux, un soir, a raconté comment, à la Libération, on avait tondu des femmes. On les avait battues, promenées nues, couvertes de crachats, tout ça parce qu'elles avaient fait des petits avec les Allemands. « C'était pas bien beau, pas bien glorieux… »

Mais les autres nations, est-ce qu'elles faisaient mieux, est-ce qu'on est donc les pires ?

C'est ce que tous ceux qui parlent, écrivent, dont on reconnaît parfois les visages à l'écran, répètent.

Les uns disent : le modèle social français est impuissant ; les Français refusent de voir la réalité ; alors que tous les pays se sont adaptés à la mondialisation, nous, nous travaillons quatre semaines de moins par an – quatre semaines, vous entendez ! – que nos voisins. Et nous ne réformons ni notre système de retraite, ni notre régime fiscal, ni nos écoles et nos universités. Et nous creusons à pleines dents le déficit budgétaire, etc.

Il faudrait donc détruire la demeure, et la rebâtir.

Mais c'est chez moi ! se récrie le peuple. Là vivent les enfants que je m'obstine à faire naître !

D'autres folliculaires ajoutent : les Français sont racistes ; ils vivent dans la peur et la haine des étrangers. Ils ont voté non à l'Europe – ce sont les moutons noirs du continent, isolés, honnis, etc.

Et certains précisent : il en est ainsi depuis toujours. Tous ces noms, toutes ces dates apprises autrefois comme autant d'épisodes glorieux, ne sont que des taches d'infamie.

Finie, cette nation qui se voulait grande !

Les uns et les autres veulent la dissoudre, l'émietter dans le marché, les multitudes, l'humanité, le monde.

Et ils écrivent : « Vive la mondialisation heureuse ! » Et ils annoncent le temps des nomades, du métissage, de la disparition des nations, de l'avènement de la Terre-Patrie.

11

Mais alors, malgré sa population qui augmente, est-ce la fin de la France ?

De cette nation qui, dans ce long drame sanglant que fut son histoire, de guerres de religion en guerres civiles, de révolution en répression, avait peu à peu réussi à s'unifier, à s'apaiser ?

Et la France a cessé d'être un « agrégat inconstitué de peuples désunis » pour devenir une nation de citoyens où le fils savait que, s'il s'acharnait à la tâche, s'il arrachait un peu de savoir, dans cette école laïque et obligatoire, il vivrait mieux, plus longtemps, plus libre que ceux qui lui avaient donné le jour.

Et ceux qui venaient d'ailleurs, qui désiraient être « français de préférence », trouvaient leur place ici sur cette terre où, depuis des millénaires, les hommes se rencontrent, se mêlent, rêvent et bâtissent ensemble, tracent des fresques sur les parois des cavernes, labourent le sol jusqu'à en faire un jardin, essaiment abbayes et cathédrales, font de la France la fille aînée de l'Église, puis celle de la République laïque, l'imaginant et la voulant distinguée par la Fortune.

« Le côté positif de mon esprit, écrivait de Gaulle, me convainc que la France n'est réellement elle-même qu'au premier rang, que seules les vastes entreprises sont susceptibles de compenser les ferments de division que son peuple porte en lui-même, que notre pays, tel qu'il est parmi les autres tels qu'ils sont, doit, sous peine de danger mortel, viser haut et se tenir droit. Bref, à mon sens, la France ne peut être la France sans la grandeur. »

Voilà le poison de la mégalomanie française, ont répété depuis des décennies les pédagogues du renoncement et leurs folliculaires si mesurés et raisonnables quand il s'agit de la France, si fats dès lors qu'ils parlent d'eux-mêmes.

Soyons modestes, disent-ils donc, occupons notre coin de table, à notre rang, petit parmi les grands. Renonçons à l'arrogance, aux prétentions, jetons par-dessus bord, si nous voulons flotter encore sur le grand océan de la mondialisation, ce qui nous entrave et nous alourdit.

Et les patrons et thuriféraires de l'hypermarché mondial rappellent chaque jour que des milliards d'hommes vivent et travaillent comme des bêtes de somme, qu'ils nous submergent de leurs produits, qu'ils sont prêts à déferler ici au risque de leur vie, parce que leur mort ici serait encore plus douce que leur vie là-bas.

Allez, après cela, défendre les salaires, les droits – au travail, à la retraite, à la santé, à l'éducation, etc. – conquis siècle après siècle par ces va-nu-pieds, ces manants qui vivaient autrefois dans le Berry, la Champagne ou les Causses comme on vit aujourd'hui dans les campagnes de Chine, d'Inde, du Pakistan ou d'Afrique.

L'angoisse saisit le pays.

Il sait tout cela. Il murmure son inquiétude. Il dit que cette France est sa demeure, que ses droits sont acquis par contrat, qu'il a payé de ses impôts ces biens qu'on solde pour remplir les caisses. Mais il sait aussi qu'il ne sert à rien de rêver à un autre monde où l'on pourrait paisiblement continuer à vivre sans changer.

Il est prêt à s'adapter à condition que la France continue à ressembler à la France. Et c'est affaire de mœurs autant que d'avantages sociaux. Un homme et une femme ici désirent être libres de choisir leur vie.

Le peuple se tourne alors vers ceux qui, sur le ring électoral, prétendent le représenter.

Il voudrait qu'ils lui parlent de la France, de sa demeure, des voies qu'il faut choisir pour lui permettre de continuer à vivre ici dignement, alors que soufflent en tempête les grands vents du monde. Et qu'il ne suffit pas de dire « mondialisation heureuse » pour qu'elle le soit.

Il voit les politiciens rivaux s'affronter, il les entend s'accuser l'un l'autre. Mais ils ne parlent de la France que du bout des lèvres.

L'un dit « société », et l'autre « sécurité ». Aucun ne semble prendre la mesure de la tempête qui vient.

Ils saluent leurs partisans : « Votez pour moi ! » crient-ils d'une même voix.

Et puis ils sortent de la salle.

On les retrouve assis côte à côte, jambes croisées, compères, frères jumeaux, posant en costume bleu sur la couverture d'un grand magazine.

Comment ces deux-là, dont on se demande qui est le clone de l'autre, sauraient-ils parler de la France, choisir le cap à prendre, vent debout ou vent arrière, et quelles bordées tirer alors que la tempête est là ?

Eux qui ne veulent pas avouer que les risques de naufrage de la nation sont bien réels.

Peut-être parce que la nation n'est pas leur passion ?

Ce qu'ils veulent, c'est parader sur la dunette en uniforme de capitaine, en laissant dériver le navire au gré des vents majeurs, en donnant double ration à telle ou telle partie de l'équipage qui commence à gronder. Et puis, vogue la galère !

Mais c'est le peuple qu'on mène en bateau !

Lui dont on brûle les voitures, lui dont on rogne les droits. Nécessité mondiale fait loi, n'est-ce pas ?

Lui qui se fait détrousser dans un train, après la nuit de la Saint-Sylvestre, par une bande de « jeunes » – qui sont-ils ? combient étaient-ils ? trente ou cent ? Ce n'était pas un train de banlieue, mais entre Nice et Marseille. Si loin de la Seine-Saint-Denis mais si près d'une scène annonciatrice – dans dix, cinq, trois ans ou six mois ? – d'affrontements qu'on ne saurait plus maîtriser.

Car il y avait six cents voyageurs, des forces de police ici et là, qui ont dû faire rapport aux autorités. Et la violence a continué, et les vandales – pardon, les « jeunes » ! – se sont pour la plupart enfuis.

Et durant trois jours le pays n'a rien su de ces événements. Terribles ou anodins ? Qui peut répondre ? Et même les folliculaires ont été tenus à l'écart. Censure ? Incompétence ? Il fallait peut-être tout simplement que le réveillon se passe dans une atmosphère tranquille. Le gouvernement veille. Dormez en paix, bonnes gens !

Est-ce cela, la démocratie à la française ?

On étouffe. On dissimule autant qu'on peut. Puis on ment. On se défausse. On promet. On accuse le rival et on pense à l'élection prochaine. La nation n'est que le marchepied de l'ambition.

Votez pour nous, braves gens. Et puis, dormez !

Le feu couve. Il flamboie çà et là.

Le peuple le sait, le voit.

Il lui semble que tous ceux qui parlent en son nom, qui prétendent se soucier de son avenir, lui mentent.

Pour les jumeaux, les clones en bleu-sourire, la cause est entendue.

Mais les autres, valent-ils mieux ?

Il y a ceux qui prétendent qu'on peut, en rejetant les intrus à la mer, naviguer comme si on était seuls sur l'océan.

Il y a, à l'autre extrême, ceux qui prétendent parler au nom des humbles, des miséreux, et qui jugent, disent-ils, selon la Justice.

On les écoute. On entend les vieilles rengaines au son desquelles on a assassiné des peuples. Mais nos Grands Juges avancent avec l'assurance d'un train blindé, sans doute en souvenir de ce grand démocrate que fut Trotski, massacreur des révoltés, assassiné par un autre massacreur.

Détail que cela : nos petits postiers de la Révolution ont les mains pures ! Ils n'exigent repentance que des autres !

Leurs alliés osent soutenir par exemple que « Diên Biên Phu n'est pas une défaite, mais une victoire de la Liberté, de l'Égalité, de la Fraternité »

Que des Français aient été réduits à l'état de squelettes dans les camps du Viêt Minh les indiffère, voire les réjouit.

Ils ne s'interrogent pas sur le régime qui est né de cette défaite française, de l'oppression qui n'y était plus coloniale, mais totalitaire et implacable.

Ceux-là, ils raniment en ce début du XXIe siècle le pire d'un vieux communisme dont ils ne reconnaissent aucun des crimes et des échecs. Mais ils jugent la France coupable.

Et c'est bien cela qu'elle est si l'on écoute ceux qui mentent du haut des tribunes.

Soit qu'ils l'accusent de ne pas se laisser engloutir par le marché, de craindre la mondialisation, soit qu'ils la stigmatisent comme une vieille criminelle colonialiste.

Et les jumeaux clonés et les postiers de toutes les ligues révolutionnaires crient d'une même voix « Repentance ! Repentance de cette France, pour ce qu'elle a été et ce qu'elle veut être encore ! »

Qu'elle renonce ! Qu'elle s'agenouille, qu'elle devienne une succursale de la Grande Enseigne marchande qui prolifère sur tous les continents, ou bien qu'elle se dissolve dans le cortège des révoltes à venir qui ne seront plus nationales, mais qui soulèveront les *multitudes*. Et tant mieux si la misère du monde vient bouleverser la vie de ces privilégiés que sont les Français, ces « petits-blancs » ! Ils se rebelleront !

En somme, passons de la nation à l'hypermarché mondial, de De Gaulle à *Wal-Mart*, et de Jaurès au sous-commandant Marcos et à José Bové !

C'est ce naufrage-là que certains proposent comme avenir à la France !

12

Il est temps de redresser la tête et de hausser la voix, de monter sur le ring et de boxer à la française.

Il semble en effet que les Visibles, les Importants, les Pédagogues du renoncement, les Folliculaires, les Frères jumeaux, les Clones, les Jeunes Vieux Postiers, tous ceux – et n'oublions pas celles – qui s'apprêtent à discourir sur les estrades à l'occasion de l'élection présidentielle prochaine, n'aient pas compris qu'il n'est aujourd'hui qu'une seule question : la survie de la nation.

La survie, cela ne signifie pas astiquer de temps à autre le nom *France* comme on fait briller la plaque d'un bateau dont la machine est morte et la coque pourrie, afin de donner l'illusion qu'il est prêt pour l'appareillage.

La survie, cela ne se mesure pas aux grands mots qu'on emploie comme autant de petits pavillons tricolores hissés sur les drisses, de la proue à la poupe, pour séduire les badauds et les inscrire, en échange de leur vote, pour la prochaine croisière dont le départ est fixé à demain, mais dont on distribue déjà le programme :

« Nous accosterons au port de la fin du chômage, nous visiterons l'archipel social, et nous verrons la fin des fractures, puis nous jetterons l'ancre dans le golfe de l'Europe sociale. La mer sera calme et souffleront les doux alizés ! »

Ce seraient là nos futurs capitaines ? Ces bonimenteurs ! Ces Escartefigue qui ont même renoncé à traverser le Vieux-Port !

On ne pourrait faire confiance qu'à celui ou à celle qui dirait : « C'en est fini de la repentance ! »

Car tout commence par là : la fierté nécessaire pour ce que l'on a été et à quoi l'on veut rester fidèle.

Le refus de laisser « niquer la France », quel que soit celui qui prononce ces mots-là, qu'il ait l'accent de Neuilly, de Corrèze ou d'une cité du

« 93 » ! Qu'il (elle) porte capuche, costume bleu, col roulé noir ou jupe plissée et socquettes blanches.

Il y faudrait la conviction que les temps qui viennent ne sont pas ceux de la mort des nations, mais de la défense d'un principc national fondé sur la Liberté, l'Égalité, la Fraternité, la citoyenneté, la laïcité, le lien individuel – droits et devoirs de chaque personne, donc – avec l'État, et non la fragmentation de la nation en communautés séparées et rivales.

Car le choix n'est pas entre nation chauvine et égoïste et humanité fraternelle, entre privilégiés et multitudes, mais entre nation citoyenne, République, et repliement ethnique, petites tribus xénophobes.

À l'évidence, ce n'est pas là la « problématique centrale » de la France

On ne pourrait donc écouter en 2007 que celui ou celle qui expliquerait que loin d'être obsolètes, les principes du modèle national – ceux autour desquels la France, depuis en effet plus d'un millénaire, s'est rassemblée – sont des orientations efficaces pour l'avenir.

Celui qui dirait que l'histoire de ce pays ne commence pas en 1789, 1981 ou 2007, mais qu'il y a continuité – monarchie, république, révolte, répression… – et qu'ainsi s'est tissée la trame.

Blanche et rouge. Bleue. Couleurs du drame national : sang et espérance.

Cette trame est ancienne, elle a résisté à toutes les tensions. Elle s'est enrichie de fils nouveaux, dessinant le tissu national.

Déchiré, celui-ci s'est à chaque fois reconstitué.

« Un jour les larmes seront taries, les fureurs éteintes, les tombes effacées, mais il restera la France »

Mais si, sous le calme en apparence seulement troublé par ce qu'on appelle pudiquement des mouvements sociaux, des faits divers, l'action de quelques bandes de « jeunes », la situation d'aujourd'hui était aussi grave qu'au temps de la guerre de Cent Ans ou des guerres de religion, par exemple, en ces périodes de grand tremblement où l'Être même de la nation semblait être remis en cause ?

Je veux peindre la France une mère affligée
Qui est entre les bras de deux enfants chargée
....
Elle dit : "Vous avez, félons, ensanglanté
Le sein qui vous nourrit et qui vous a portés.
Or vivez de venin, sanglante géniture,
Je n'ai plus que du sang pour votre nourriture !"

Ce que décrit là Agrippa d'Aubigné, est-on sûr que nous n'allons pas le connaître à nouveau ? N'en pressentons-nous pas et n'en craignons-nous pas déjà la venue ?

À moins que la France ne s'affaisse, ne courbe la tête, n'accepte de se laisser « niquer », couvrir de crachats et de cendres ?

Et il ne restera plus qu'à se lamenter :

Ô ma France ô ma délaissée !

Mais le peuple français, fécond, pacifique et patient, peut aussi tout à coup dire : « Non ! Cela suffit ! »

« Trêve de repentance ! Assez de prétendre que la France est "moisie" ! Assez de ces diagnostics, de ces remèdes que nous administrent les Diafoirus, ceux qui répètent doctement que renoncer à la France guérira chacun de ses maux ! »

Ne dressons pas la liste des nouvelles maladies contractées à suivre les ordonnances des Diafoirus et les leçons des démagogues du renoncement.

Nous allons mourir guéris, victimes de ces infections nosocomiales qu'on contracte dans les hôpitaux.

Ce n'est pas d'hôpitaux où l'on meurt que nous avons besoin, mais d'un projet national né de notre histoire.

Les maîtres de l'hypermarché mondial et les postiers révolutionnaires, de même que ceux qui se croient habiles d'être un peu et les uns et les autres, veulent chacun à sa manière « du passé faire table rase ».

Ils ne comprennent pas qu'il n'est nul avenir dans l'ignorance, la négation, et la haine de soi.

Mais que tout ne peut continuer que si l'on choisit de se connaître, de tout dire de son passé, mais de ne pas se complaire dans l'autoflagellation.

Notre histoire, de saint Martin qui partage son manteau et incarne la charité, à Clovis qui, roi baptisé, ne confond pas ses pouvoirs avec ceux de l'Église, d'Héloïse la grande aimante d'Abélard, à Jeanne, la Pucelle qui sauve le royaume, de cette place centrale occupée par les femmes dans l'histoire de notre sensibilité et de notre politique, à l'État unifié, aux philosophes de la liberté du siècle des Lumières, à Rousseau, Voltaire, Diderot, aux droits de l'homme, au souffle de Hugo, à la laïcité, nous avons beaucoup donné d'élans au monde.

Nous pouvons en être fiers.

Nous n'avons empesté le XXe siècle d'aucun totalitarisme, ni le communiste ni le nazi, même s'ils ont séduit certains d'cntrc nous.

Et nous n'avons brûlé au feu nucléaire aucune ville du monde.

Alors, cessons de tolérer qu'on nous fasse la leçon, qu'on exige de nous de renoncer à ce que nous sommes !

Notre être est notre richesse. Et notre être, c'est d'abord la fierté nationale, celle de notre passé.

« L'histoire est devenue pour l'essentiel une mise en demeure adressée par le Futur au Contemporain », écrit Julien Gracq.

C'est parce que chacun a compris cela que le débat sur le sens et la réalité de l'histoire de la nation est devenu central.

Honteux de notre passé, nous sommes condamnés non seulement à la repentance, mais à nous désagréger, à nous diviser, à capituler, à mourir dans l'aigreur, l'amertume, la haine, nation-musée si nous regardons l'avenir avec les yeux d'un optimiste, nation balkanisée, violentée, livrée aux bandes communautaires, si nous le fixons avec ceux d'un réaliste.

Mais, après tout, on peut être à la fois une nation-musée et balkanisée.

Fiers de notre histoire, au contraire, lucides sur ce qu'elle fut et proclamant haut et fort cette conviction, nous saurons affronter le futur parce que nous serons restés fidèles, et que cette identité revendiquée, proclamée, est la seule manière de faire des enfants nés sur ce sol des « Français de préférence », c'est-à-dire ne limitant pas leur nationalité à une carte en plastique ni à un lieu où les hasards de la destinée les ont conduits.

Si quelqu'un ou quelqu'une tient ce discours-là, celui de la fierté nationale, c'est-à-dire de l'Histoire assumée, alors l'avenir est ouvert, on pourra affronter la tempête vent debout. Les risques de naufrage seront grands, parce que l'époque est aux tsunamis, mais au moins n'y aura-t-il pas eu sabordage.

> « Et si les hommes n'usent pas, demain, de leur force diabolique de destruction, la France survivra à nos inquiétudes, à nos existences, à une histoire dramatiquement saturée par l'événementiel, une histoire dangereuse, dansant chaque jour comme le feu, clinquante, angoissante, mais qui passe… »
>
> FERNAND BRAUDEL, *L'Identité de la France*

DU MÊME AUTEUR

ROMANS

Le Cortège des vainqueurs, Robert Laffont, 1972.
Un pas vers la mer, Robert Laffont, 1973.
L'Oiseau des origines, Robert Laffont, 1974.
Que sont les siècles pour la mer, Robert Laffont, 1977.
Une affaire intime, Robert Laffont, 1979.
France, Grasset, 1980 (et Le Livre de Poche).
Un crime très ordinaire, Grasset, 1982 (et Le Livre de Poche).
La Demeure des puissants, Grasset, 1983 (et Le Livre de Poche).
Le Beau Rivage, Grasset, 1985 (et Le Livre de Poche).
Belle Époque, Grasset, 1986 (et Le Livre de Poche).
La Route Napoléon, Robert Laffont, 1987 (et Le Livre de Poche).
Une affaire publique, Robert Laffont, 1989 (et Le Livre de Poche).
Le Regard des femmes, Robert Laffont, 1991 (et Le Livre de Poche).
Un homme de pouvoir, Fayard, 2002 (et Le Livre de Poche).

SUITES ROMANESQUES

La Baie des Anges :
I. *La Baie des Anges*, Robert Laffont, 1975 (et Pocket).
II. *Le Palais des Fêtes*, Robert Laffont, 1976 (et Pocket).
III. *La Promenade des Anglais*, Robert Laffont, 1976 (et Pocket). (Parue en 1 volume dans la coll. « Bouquins », Robert Laffont, 1998.)

Les hommes naissent tous le même jour :
I. *Aurore*, Robert Laffont, 1978.
II. *Crépuscule*, Robert Laffont, 1979.

La Machinerie humaine :
• *La Fontaine des Innocents*, Fayard, 1992 (et Le Livre de Poche).
• *L'Amour au temps des solitudes*, Fayard, 1992 (et Le Livre de Poche).

- *Les Rois sans visage*, Fayard, 1994 (et Le Livre de Poche).
- *Le Condottiere*, Fayard, 1994 (et Le Livre de Poche).
- *Le Fils de Klara H.*, Fayard, 1995 (et Le Livre de Poche).
- *L'Ambitieuse*, Fayard, 1995 (et Le Livre de Poche).
- *La Part de Dieu*, Fayard, 1996 (et Le Livre de Poche).
- *Le Faiseur d'or*, Fayard, 1996 (et Le Livre de Poche).
- *La Femme derrière le miroir*, Fayard, 1997 (et Le Livre de Poche)
- *Le Jardin des Oliviers*, Fayard, 1999 (et Le Livre de Poche).

Bleu, blanc, rouge :

I. *Marielle*, Éditions XO, 2000 (et Pocket).
II. *Mathilde*, Éditions XO, 2000 (et Pocket).
III. *Sarah*, Éditions XO, 2000 (et Pocket).

Les Patriotes :

I. *L'Ombre et la Nuit*, Fayard, 2000 (et Le Livre de Poche).
II. *La flamme ne s'éteindra pas*, Fayard, 2001 (et Le Livre de Poche).
III. *Le Prix du sang*, Fayard, 2001 (et Le Livre de Poche).
IV. *Dans l'honneur et par la victoire*, Fayard, 2001 (et Le Livre de Poche).

Les Chrétiens :

I. *Le Manteau du soldat*, Fayard, 2002 (et Le Livre de Poche).
II. *Le Baptême du roi*, Fayard, 2002 (et Le Livre de Poche).
III. *La Croisade du moine*, Fayard, 2002 (et Le Livre de Poche).

Morts pour la France :

I. *Le Chaudron des sorcières*, Fayard, 2003 (et J'ai Lu).
II. *Le Feu de l'enfer*, Fayard, 2003 (et J'ai Lu).
III. *La Marche noire*, Fayard, 2003 (et J'ai Lu)

L'Empire :

I. *L'Envoûtement*, Fayard, 2004 (et J'ai Lu).
II. *La Possession*, Fayard, 2004 (et J'ai Lu).
III. *Le Désamour*, Fayard, 2004 (et J'ai Lu).

La Croix de l'Occident :
I. *Par ce signe tu vaincras*, Fayard, 2005.
II. *Paris vaut bien une messe*, Fayard, 2005.

Les Romains :
I. *Spartacus : La Révolte des esclaves*, Fayard, 2006.
II. *Néron : Le Règne de l'Antéchrist*, Fayard, 2006.
III. *Titus : Le Martyre des Juifs*, Fayard, 2006.
IV. *Marc-Aurèle : Le Martyre des Chrétiens*, Fayard, à paraître.
V. *Constantin le Grand : L'Empire du Christ*, Fayard, à paraître.

POLITIQUE-FICTION
La Grande Peur de 1989, Robert Laffont, 1966.
Guerre des gangs à Golf-City, Robert Laffont, 1991.

HISTOIRE, ESSAIS
L'Italie de Mussolini, Librairie académique Perrin, 1964, 1982 (et Marabout).
L'Affaire d'Éthiopie, Le Centurion, 1967.
Gauchisme, réformisme et révolution, Robert Laffont, 1968.
Histoire de l'Espagne franquiste, Robert Laffont, 1969.
Cinquième Colonne, 1939-1940, Plon, 1970 et 1980, Éditions Complexe, 1984.
Tombeau pour la Commune, Robert Laffont, 1971.
La Nuit des Longs Couteaux, Robert Laffont, 1971 et 2001.
La Mafia, mythe et réalités, Seghers, 1972.
L'Affiche, miroir de l'Histoire, Robert Laffont, 1973, 1989.
Le Pouvoir à vif, Robert Laffont, 1978.
Le XXe Siècle, Librairie académique Perrin, 1979.
La Troisième Alliance, Fayard, 1984.
Les idées décident de tout, Galilée, 1984.
Lettre ouverte à Robespierre sur les nouveaux Muscadins, Albin Michel, 1986.
Que passe la Justice du Roi, Robert Laffont, 1987.
Manifeste pour une fin de siècle obscure, Odile Jacob, 1989.
La gauche est morte, vive la gauche, Odile Jacob, 1990.

L'Europe contre l'Europe, Le Rocher, 1992.

L'Amour de la France expliqué à mon fils, Le Seuil, 1999.

Histoire du monde de la Révolution française à nos jours en 212 épisodes, Fayard, 2001. Mise à jour sous le titre *Clés de l'histoire contemporaine*, Le Livre de Poche, 2005.

BIOGRAPHIES

Maximilien Robespierre, histoire d'une solitude, Librairie académique Perrin, 1968 (et Pocket).

Garibaldi, la force d'un destin, Fayard, 1982.

Le Grand Jaurès, Robert Laffont, 1984 et 1994 (et Pocket).

Jules Vallès, Robert Laffont, 1988.

Une femme rebelle. Vie et mort de Rosa Luxemburg, Fayard, 2000.

Jè. Histoire modeste et héroïque d'un homme qui croyait aux lendemains qui chantent, Stock, 1994 et Mille et Une Nuits, 2004.

Napoléon :

I. *Le Chant du départ*, Robert Laffont, 1997 (et Pocket).
II. *Le Soleil d'Austerlitz*, Robert Laffont, 1997 (et Pocket).
III. *L'Empereur des rois*, Robert Laffont, 1997 (et Pocket).
IV. *L'Immortel de Sainte-Hélène*, Robert Laffont, 1997 (et Pocket).

De Gaulle :

I. *L'Appel du destin*, Robert Laffont, 1998 (et Pocket).
II. *La Solitude du combattant*, Robert Laffont, 1998 (et Pocket).
III. *Le Premier des Français*, Robert Laffont, 1998 (et Pocket).
IV. *La Statue du Commandeur*, Robert Laffont, 1998 (et Pocket).

Victor Hugo :

I. *Je suis une force qui va !*, Éditions XO, 2001 (et Pocket).
II. *Je serai celui-là !*, Éditions XO, 2001 (et Pocket).

César Imperator, Éditions XO, 2003 (et Pocket).

CONTE

La Bague magique, Casterman, 1981.

EN COLLABORATION

Au nom de tous les miens, de Martin Gray, Robert Laffont, 1971 (et Pocket).

Vous pouvez consulter le site Internet de Max Gallo sur
www.maxgallo.com

Cet ouvrage a été composé par
Paris PhotoComposition
75017 Paris

Achevé d'imprimer en février 2006
par **Bussière**
à Saint-Amand-Montrond (Cher)
pour le compte de la librairie Arthème Fayard

35-67-3132-05/4

ISBN 2-213-62932-3

Dépôt légal : février 2006.
N° d'édition : 71024. – N° d'impression : 060842/4.

Imprimé en France